Deesha
Philyaw

CHURCH LADIES

ERZÄHLUNGEN

Aus dem amerikanischen Englisch von
Elke Link und Sabine Roth

ars vivendi

Die Originalausgabe erschien erstmals 2020 unter dem Titel *The Secret Lives of Church Ladies* bei West Virginia University Press. © 2020 by Deesha Philyaw
Published by Arrangement with Marguerites Secrets, LLC.
Dieses Werk wurde vermittelt durch die Literarische Agentur Thomas Schlück GmbH, 30161 Hannover.

Die Arbeit der Übersetzerinnen an diesem Buch wurde durch ein Stipendium des Deutschen Übersetzerfonds e. V. gefördert.

Vorbemerkung der Übersetzerinnen:
Einige Erzählungen enthalten Begriffe, die als rassistisch verstanden werden könnten; diese haben hier aber abbildenden Charakter und werden zudem von den Sprechern weitgehend wertfrei gebraucht.

Deutsche Originalausgabe
1. Auflage 2022

www.arsvivendi.com

Satz: ars vivendi
Druck: CPI buchbücher.de GmbH, Birkach
Gedruckt auf holzfreiem Werkdruckpapier
der Papierfabrik Arctic Paper

FSC www.fsc.org
MIX
Papier aus verantwortungsvollen Quellen
FSC® C083411

Printed in Germany

ISBN 978-3-7472-0350-7

CHURCH LADIES

Für Taylor und Peyton
Und für alle, die sich befreien möchten

Hier sei's gesagt: Es war kein Sündenfall.

Sondern

ein Satz
in die Freiheit.

Ansel Elkins,
Die Autobiografie Evas

INHALT

EULA 11

NICHT-DANIEL 23

LIEBE SCHWESTER 28

PFIRSICH-COBBLER 51

SCHNEEFALL 90

IM BETT MIT EINEM PHYSIKER 112

JAEL 132

LEITFADEN FÜR
GUT CHRISTLICHE EHEBRECHER 165

HEUTE KOMMT EDDIE LEVERT 176

DANK 197

EULA

Eula reserviert uns die Suite in Clarksville, zwei Orte weiter. Ich bringe das Essen mit. Dieses Jahr Sushi für mich, und für sie gekochten Schinken mit Kartoffelsalat. Nichts Schweres, einfach als Grundlage. Und ich bringe den Sekt mit. In diesem Jahr, das wie jedes unser letztes sein könnte, sind es drei Flaschen André Spumante.

Kracher und zwei Millenniumsbrillen habe ich uns auch besorgt. Die Brillengläser sind die beiden Nullen in der Mitte. Nach allem, was man hört, werden wir in der Sekunde, in der Dick Clark seinen Countdown am Times Square beendet, dank Y2K sowieso alle im Dunkeln sitzen. Aber das stört mich nicht. Der André trinkt sich im Dunkeln mindestens genauso gut weg.

Wir packen ein bisschen aus, und dann macht sich Eula über den Kartoffelsalat und den Schinken her. Sie ist extrem pingelig mit ihrem Essen. Mit fast allem eigentlich. Wehe, etwas entspricht nicht exakt ihren Vorstellungen. Sie ist wie ich Lehrerin, da müssen wir es genau nehmen, wobei Eula es noch mal genauer als ich nimmt. Aber auch sie merkt nicht, dass ich den Kartoffelsalat fertig bei Publix gekauft, gehackte harte Eier, Senf, Gurkenrelish und Paprikapulver untergerührt und das Ganze in meine rote Tupperschüssel umgefüllt habe. Sie nimmt sich nach, reibt sich den Bauch und sagt mir, ich hätte mich selbst übertroffen.

Nachdem wir fertig gegessen und die erste Flasche André leer gemacht haben, drehe ich die Dusche auf. Wir mögen es beide sengend heiß. Mich entspannt das heiße Wasser, aber mit Eula, habe ich das Gefühl, macht es etwas anderes. Ich bin schon längst draußen, da steht sie immer noch in der Kabine. Durch die beschlagene Glastür kann ich ihre rosa Duschhaube sehen. Ihr Kopf ist gesenkt, und ich frage mich, ob sie Gott da drin um Vergebung bittet, weil sie SEINE Gebote missachtet, während sie weiterhin geduldig wartet, dass sich SEINE Vorsehung an ihr erfüllt.

*

Als Eula und ich vor zehn Jahren dreißig wurden, waren wir schon unser halbes Leben beste Freundinnen. Kennengelernt haben wir uns in der Zehnten, die beiden einzigen schwarzen Mädchen im Leistungskurs Englisch. Eula war in dem Jahr neu an der Schule, ihre Familie war aus North Carolina zugezogen. Sie brauchte eine Freundin, ich brauchte auch eine. Wir waren beide Romantikerinnen, die auf den Seitenrändern ihrer Mathehefte ihre hawaiianische Doppelhochzeit planten. Unsere Männer sollten Eisenbahner sein wie unsere Väter. Wir würden an der High School unterrichten, uns bei den Kirchendamen engagieren und Tür an Tür wohnen. Unsere Kinder würden zusammen spielen.

Mit dreißig waren wir dann zwar High-School-Lehrerinnen und bei den Kirchendamen aktiv, der Rest unseres

Traums allerdings fehlte. Wir feierten Eulas Geburtstag mit mengenweise Weinschorle bei ihr in der Wohnung, und am Ende saß sie mit hochgeschobenem Rock auf meinem Schoß. Ich sah den weißen Baumwollslip zwischen ihren prallen braunen Schenkeln. Sie roch nach Vanille.

»Hast du auch manchmal das Gefühl, dich zerreißt es?«, fragte sie. Ihr Atem blies mir fruchtig und heiß ins Gesicht.

Ich antwortete nicht; ich hatte Angst, mit einer ehrlichen Antwort könnte ich Eula verschrecken. Aber es spielte keine Rolle, denn sie redete schon weiter, ich solle sie anfassen, drängte sie mich, weil noch nie jemand sie da unten berührt hätte. Sie sei immer ein braves Mädchen gewesen, sagte sie mir. Aber das wusste ich ja sowieso. Anders als ich hatte sich Eula als Teenager nie hinter dem Rücken ihrer Eltern weggeschlichen, verlockt und dann enttäuscht von dem, was halbstarke Jungs zu bieten hatten. Und anders als ich hatte sie sich als Erwachsene keine kurzlebigen Affären mit Männern angetan, die es nicht wert waren, dass man sich auch nur ihre Namen merkte. Eula betete lieber und wartete auf ihren Boas, wie Ruth aus der Bibel.

Eula ist eine echte Gläubige. Sie treiben keine tausend Fragen um, so wie mich.

Aber in jener Nacht schob sie meine Finger unter diesen weißen Baumwollslip und vergaß jeden Gedanken an Boas. Wir blieben auf, bis wir beide glitschten vor Schweiß.

Am Morgen bekämpfte sie ihre Reue mit Schweigen und Kaffee.

Einen guten Monat später war Silvester, und Eula rief an und sagte, sie hätte uns in Clarksville eine Suite gebucht. Ich brachte Pizza bianca und drei Flaschen Asti Spumante mit.

*

Für Eulas Geburtstag im Jahr darauf plante ich für uns zwei ein Festmahl bei mir zu Hause. Ich ging zum Fischmarkt an der Avery Street und kaufte alle Zutaten für ihr Lieblingsessen, Gumbo. Eula mag den Gumbo so, wie meine Grandma Pauline ihn macht, nur ohne Okraschoten, darum ließ ich die weg. Ich kochte ihn schon am Abend vorher, weil Grandma Pauline immer sagt, der Gumbo schmeckt besser, wenn er einen Tag lang im Kühlschrank durchzieht.

Als ich die Mehlschwitze rührte – für mich immer der lästigste Teil beim Gumbo-Kochen, weil er einem Geduld abverlangt –, rief Eula an: Ob wir unser Festmahl eventuell verschieben könnten? Reese, ein Anwalt aus unserem Singles-Bibelkreis, mit dem sie sich seit gerade mal sechs Monaten traf, wolle sie zu ihrem Geburtstag ausführen. Er habe eine Überraschung für sie. Ihre Worte überschlugen sich richtiggehend – *OCarolettaichglauberwillmireinenAntragmachen* –, und ich rührte weiter meine Mehlschwitze um.

»Das verstehst du doch, oder?«, fragte Eula.

»Klar.« Ich suchte nach irgendwelchen verbindlichen Worten, die keinen verletzten, bitteren Geschmack in meinem Mund hinterlassen würden. Aber mir fiel nichts ein. Es war auch nicht nötig, Eula plapperte atemlos weiter – wie es Reese wohl gelungen war, ihre Ringgröße zu erraten, und wie sie sich hinreichend überrascht geben konnte, wenn er die große Frage stellte.

Am Ende bekamen an dem Abend sowohl Eula als auch Reese ihre Überraschung. In ihr Candle-Light-Dinner in einem Dachterrassenrestaurant (die ursprüngliche Überraschung) platzte Reeses Noch-Ehefrau.

Als Eula nachts anrief, um sich bei mir Luft zu machen, fauchte ihre Wut geradezu aus dem Hörer. Ich saß im Bett und hörte mir alles an, meine zweite Schüssel Gumbo (mit Okra) auf den Knien, neben mir sanft schnarchend der Ehemann einer anderen Frau.

Im Lauf der Zeit hatte Eula andere Reeses, andere Beinahe-Treffer. Aber früher oder später servierte sie jeden von ihnen ab: zu alt, zu jung, zu pleite, zu schwer von Begriff. Oder sie wurde ihrerseits abserviert, wenn der Mann kapierte, dass er sie auch mit noch so vielen Schmeicheleien, noch so viel Druck nicht ins Bett bekam. Dieser Tage werden die Reeses immer spärlicher, und mit jedem Jahr, das vergeht, erinnern sie weniger an Boas.

Manchmal frage ich mich, ob Eula deshalb an allen diesen Männern etwas zu bemängeln findet, weil sie im Grunde keinen von ihnen will, sondern nur fremden Erwartungen zu genügen versucht.

Aber das gehört zu den Dingen, über die Eula und ich nicht reden.

*

Nach dem Duschen zieht Eula ein weißes T-Shirt und ein weißes Baumwollhöschen an. Sie lässt sich rückwärts auf das Kingsize-Bett fallen, in dieses Meer aus frischen weißen Laken, üppigen Kopfkissen und wogender Steppdecke. Um ihre Haare hat sie einen pinken Seidenschal gebunden. Sie nimmt einen langen Zug aus der zweiten Flasche André.

»Du auch?« Sie streckt mir die Flasche hin.

Vom Fußende des Bettes krabble ich auf sie zu. Als ich bei ihr ankomme, hält sie mir die Flasche an den Mund, kippt mir dann einen Schwapp in den Ausschnitt und kichert. »Das haben wir gleich«, sagt sie, stellt die Flasche auf den Nachttisch und schubst mich nach hinten in die Kissen. Dann setzt sie sich rittlings auf mich, zieht mir das Nachthemd aus und leckt überall da, wo der Sekt hingeflossen ist.

*

Ungefähr eine Stunde später wache ich auf, ziemlich beschwipst. Eula sitzt aufrecht im Bett und trinkt aus der letzten Flasche André. Der Fernseher ist stummgeschaltet, aber ich kann sehen, dass Dick Clark irgend so eine kleine Weiße mit bunt gesträhnten Haaren vorstellt, die Anfang des Jahres einen Hit gelandet hat. Der Name der Kleinen fällt mir nicht ein, was aber nichts macht, denn tanzen kann sie schon mal ums Verrecken nicht, singen auch nicht.

»Ich habe gerade einen Neujahrsvorsatz gefasst«, sagt Eula mit halb geschlossenen Augen. »Dieser Valentinstag wird definitiv mein letzter ohne einen Mann sein, der mir gehört, und zwar *nur* mir.«

»Da hast du dir ja was vorgenommen«, sage ich und greife nach der Flasche. Sie vom Alleinsein sprechen zu hören, perlt an mir nicht so leicht ab wie sonst meistens. »Und wie willst du das hinkriegen?«

»Wie der Pastor sagt, ein geparktes Auto kann auch der Herrgott nicht lenken. Ich muss selbst die Weichen entsprechend stellen und in meinem Leben Platz für einen Ehemann schaffen.«

»Nämlich wie?«

»Na ja, zum Beispiel habe ich den Bibelkreis ziemlich schleifen lassen. Wenn ich einen gottesfürchtigen Mann will, muss ich in den richtigen Kreisen verkehren.«

»Beim Bibelkreis hast du Reese kennengelernt …«

Eula verdreht nur die Augen. »In meinem Haus muss ich auch einiges umgestalten«, sagt sie. »So wie es jetzt ist, würde ein Mann gar nicht reinpassen. Ich will einem Ehemann Raum geben.«

»Durch Feng-shui?«

»Feng-was?«

»Egal.« Dann wird sich Eula also ab sofort diesen ganzen Männerfang-Aktivitäten hingeben, und ich mache derweil ... *was?* Empfange ab und zu einen verheirateten Mann bei mir? Verbringe den nächsten Silvesterabend ohne sie? Ich will auch eine Veränderung, aber ich habe keinen Plan.

»Und ich trete in das Singles-Softball-Team ein, das sie in der Gemeinde haben«, fährt Eula fort.

»Du magst doch gar keinen Sport«, sage ich lachend.

»Lach mich ruhig aus.« Eula plustert die Kissen hinter sich auf. »Ganz im Ernst, du solltest auch langsam mal in die Gänge kommen! Caroletta, willst du denn niemanden, zu dem du heimkommen kannst? Mit dem du dein Leben verbringst? Möchtest du nicht glücklich sein?«

Ich sehe Eula an, ihre nicht mehr ganz frischen Löckchen, die verklebt sind von ihrem Tauchgang zwischen meinen Beinen. Etwas kocht in mir hoch, während ich über ihre Frage nachdenke, halb Grausamkeit und halb Mitleid. Seit wann interessiert sie mein Glück, seit wann weiß sie überhaupt etwas darüber? Auch nur das kleinste bisschen?

»Ich *bin* glücklich.« Ich versuche, meiner Stimme mehr Festigkeit zu geben, als ich in mir fühle. »Jetzt, in diesem Moment. Hier mit dir. Und es muss auch nicht nur diese Nacht sein. Wir könnten ...«

»Du hast aber nicht aufgegeben, Caroletta, oder? Ich bin eisern entschlossen, einen Mann zu finden, sei du es doch auch!« Eula sagt es mit monotoner Stimme, wie eine zu Tode erschöpfte Verkäuferin. Sie rutscht von mir weg, vor zur Bettkante, das Gesicht dem Fernseher zugewendet.

»Eula, dreh dich um und schau mich an. Bitte.«

Eula schüttelt den Kopf. Sie sagt zum Fernseher: »Ich will nicht als Jungfrau sterben. Du etwa?«

Ich warte wohl einen Tick zu lange mit einer Antwort.

Eula fährt zu mir herum. »Wie, du bist ...?«

Ich weiß gar nicht, was komischer ist: dass Eula glaubt, ich vierzigjährige alte Schachtel hätte in all diesen zig Jahren nie mit irgendeinem Mann Sex gehabt, oder dass sie uns für jungfräulich hält, nach allem, was wir in dieser selben Zeit miteinander gemacht haben.

»Eula.«

»Du hast irgend so einen *Kerl* rangelassen?« Eula schlägt sich die Hand vor den Mund. Für den Augenblick hat Eula, die Sonntagsschullehrerin, die Biologielehrerin Eula verdrängt. »Statt dich *rein* zu halten?«

»Eula!«

Halb rechne ich damit, dass sie ihre Kleider zusammenrafft und flüchtet. Aber das tut sie nicht. Sie bleibt am Bettrand sitzen und weint, dass ihr ganzer Körper bebt. »Das kann's doch nicht sein!«, stößt sie immer wieder hervor. Ich bin mir nicht sicher, was »das« ist. Ich mit Männern? Sie mit mir? Das Leben?

»Wie *soll* es denn sein, Eula?«

Sie dreht sich um und schaut mich an. »Ich will einfach nur glücklich sein«, schluchzt sie. »Und normal.«

Ich möchte den Abstand zwischen uns überbrücken, möchte sie an mich ziehen und wiegen, bis sie aufhört zu weinen, ihr versprechen, dass alles gut wird, aber ich traue mich nicht. Ich kann nicht machen, dass alles gut wird, nicht auf die Art, die ihr vorschwebt.

»Aber wer sagt, was normal ist, Eula? Irgendwelche Männer, die schon seit Jahrtausenden tot sind? Die an der Sklaverei nichts verkehrt fanden und Frauen als ihr Eigentum betrachtet haben?«

»Die Bibel ist das unumstößliche Wort Gottes«, flüstert Eula so trotzig, wie man nur flüstern kann.

»Das glaubst du nur deshalb, weil eine andere Gruppe von Männern die erste Gruppe von Männern so ausgelegt hat. Wir sollen auf Gott vertrauen, nicht auf die Menschen, heißt es doch. Meinst du, Gott will, dass du oder irgendwer über viele Jahrzehnte unberührt bleibt? Das ganze Leben? Wie Sister Stewart, Sister Wilson, Sister Hill, meine Mutter, nachdem mein Vater gestorben war – alle diese Frauen in der Kirche, die glauben, sie müssten wählen zwischen Gottgefälligkeit und etwas so Elementarem, Menschlichem wie dem Bedürfnis nach Geborgenheit und Intimität? Wenn Gott wirklich einmal Mensch geworden ist …«

»*Wenn?*« Eula spuckt mir das Wort regelrecht entgegen.

»… warum sollte er dann Regeln aufstellen, die dich zu einer so schmerzhaften Wahl zwingen?«

»Ich hinterfrage Gott nicht.«

»Aber vielleicht solltest du mal die Menschen hinterfragen, die dir dieses Bild von Gott vermittelt haben. Weil du dir mit so einem Gottesbild nämlich keinen Gefallen tust.«

Eula schaut mich mit schmalen Augen an. »Du bist nicht die, für die ich dich gehalten habe.«

»Du bist auch nicht die, für die du dich gehalten hast.«

*

Im Fernseher geraten die Massen am Times Square immer mehr aus dem Häuschen. Es ist fast Zeit für den Countdown. Eula und ich liegen auf dem Bett, mit nichts an als unseren Millenniumsbrillen. Die Kracher sind noch in meiner Tasche.

»Irgendwann will ich den Jahreswechsel auch mal auf dem Times Square erleben«, sagt Eula, aber durch den André klingt es ziemlich vernuschelt.

»Mit mir? Vielleicht könnten wir nächstes Jahr hinfahren, statt hierherzukommen.«

Eula antwortet nicht.

»Unsere Freunde im australischen Sydney haben das neue Jahr schon vor Stunden eingeläutet«, sagt Dick Clark zu einer Frau in der Menge, einer Weißen mit einem taillierten Zylinder aus lila Samt auf dem Kopf. *»Und auch in anderen Ländern ging der Jahreswechsel ohne Stromausfall oder Computerabstürze über die Bühne. Würden Sie sagen, der Y2K-Bug war viel Lärm um nichts?«*

»Ich hab Angst, Caroletta.«

»Ich weiß.«

Eula fängt an zu flüstern. Ich schiebe mich näher an sie heran, um zu hören, was sie sagt, und merke, dass sie betet.

Als sie Amen sagt, steige ich aus dem Bett, gehe zum Fußende und knie mich hin. Eulas Zehennägel sind pink lackiert, der gleiche Farbton wie ihr Schal. Ich fasse sie um die Knöchel und ziehe sie zu mir her. Sie rutscht mit dem Hintern bis ganz vor zur Kante, die Füße links und rechts von mir auf die Matratze gestemmt. Sie spreizt die Knie. Ich drücke die Innenseiten ihrer Schenkel sanft auseinander, bis sie offen vor mir liegt, wie ein Altar.

10 – 9 – 8 …

Ich spreche in Zungen.

4 – 3 – 2 …

Eula hat ihre Gebete, ich habe meine.

NICHT-DANIEL

Ich parkte hinter dem Hospiz, wo es dunkel war, und wartete. Auf meinem Schoß lag eine Packung Kondome, Magnum XL. Als wäre ich wieder sechzehn, nur dass ich die Kondome jetzt selber gekauft hatte, statt mich auf den Jungen zu verlassen. Und der Junge war diesmal ein Mann, den ich bei unserer ersten Begegnung – vor zwei Wochen am Haupteingang des Hospizzentrums – mit einem ehemaligen Schulkameraden aus der Junior High verwechselt hatte. Ich kam gerade, er ging. Ich hielt ihn für Daniel McMurray, deshalb schaute ich einen Tick länger hin, und er schaute zurück. Später am Abend sah ich ihn dann aus dem Zimmer gegenüber dem meiner Mutter kommen. Seine Mutter hatte Brustkrebs, meine Eierstockkrebs.

Ich warf einen Blick auf mein Handy. *22:27.* Ich hatte den Kondomkauf bei Walmart perfekt getimt. Noch drei Minuten, bis Nicht-Daniel aus der Station kam. Damit Schwester Irie, die Nachtschwester, nicht Lunte roch, gingen wir nie zur gleichen Zeit und kamen auch nie gleichzeitig zurück. Sie hieß eigentlich gar nicht Irie, so nannte ich sie nur hinter ihrem Rücken, weil sie Jamaikanerin war. Sie war außerdem ein ziemliches Biest. Ich hatte mich bei der Hospizleitung schon über sie beschwert und gefragt, ob sie mit ihrer giftigen Art nicht besser in der Pathologie aufgehoben wäre. Aber zu Nicht-Daniel war Schwester Irie nett. Ihn ranzte sie nicht an, wenn er Fragen zur Pflege seiner Mutter hatte. Ja, angeblich hatte sie sogar einmal mit ihm geschäkert, als er irgendwann spätabends in seinen knappen Joggingshorts über den Gang gelaufen war: »Boi, wenn du hier noch länger im Höschen rumtänzelst, komm ich mit dem Schwamm und wasch dich.«

Schwester Irie war nicht dumm. Vielleicht würde sie zwei und zwei zusammenzählen und folgern, dass Nicht-Daniel und ich ... ja, was waren wir? Wie nennt man das, wenn eure beiden Mütter Nachbarinnen im Sterbehospiz sind und die Nächte endlos und schlaflos, und wenn hier jemand ist, der wie du den Tag damit verbracht hat, mit Versicherungen und Gläubigern und Banken und Pastoren und Verwandten und Freunden zu reden, manche davon wohlmeinender als andere? Ein so pflichtbewusster Sohn, wie du die pflichtbewusste Tochter bist, und damit wie du Blitzableiter für die ganze Familie, Chauffeur, Kautionsbürge, Therapeut, Berufsberater, Bankomat, Depp vom Dienst? Der wie du den Tod, diesen launenhaften Mitspieler irgendwo hinter den Kulissen, gleichermaßen fürchtet und herbeisehnt?

Wie nennt man es, wenn besagter Jemand einen Ehering trägt, aber seine Frau nie mit Namen erwähnt? Eine Frau und zwei Kinder im benachbarten Bundesstaat? Keine Fragen, keine Antworten.

Um Punkt halb elf klopfte Nicht-Daniel an das Beifahrerfenster. Die ersten Sekunden saßen wir stumm nebeneinander, wie immer am Anfang. Manchmal weinte dann ich, manchmal auch er, weil das erlaubt war hier draußen, weil wir hier sicher waren vor dem Jesus unserer Mütter, vor Pflegerinnen auf Autopilot, hohlen Phrasen und als Trost verkleideten Binsenweisheiten über den Willen Gottes. Und nach einer Weile fing dann einer von uns zu sprechen an.

Aber heute Abend ... wie sollten wir heute Abend beginnen? Da weitermachen, wo wir gestern aufgehört hatten? Als die x-te mäandernde Unterhaltung über Begräbnisse und selbstsüchtige Geschwister unversehens in Küssen überging und ich plötzlich kein T-Shirt mehr anhatte, aber dafür Nicht-Daniels Mund an meinen Nippeln?

Letztlich lief es dann so: Nicht-Daniel nahm mir die Packung Kondome aus der Hand, zog eins heraus und stellte die Schachtel auf das Armaturenbrett, neben mein Handy. Seines legte er daneben. Ich wusste, dass sein Klingelton, wie meiner, auf die höchste Lautstärke eingestellt war, weil der Anruf, DER Anruf, jederzeit kommen konnte. Dann nahm er mein Gesicht in seine Hände und sah mich an. Ich schlug die Augen nieder.

»Nein«, sagte er. »Für das jetzt musst du ... hier sein. Ganz. Hier.«

Ich hob den Blick. Ich kam mir vor wie Sisyphus, der seinen Stein wälzt. In seinen Augen las ich *FrauKindersterbendeMutter.* Ich blinzelte, blinzelte wieder, bis meine Sicht frei war.

Auf der Rückbank zog Nicht-Daniel erst mich aus, dann sich, und vergrub das Gesicht zwischen meinen Schenkeln. Ich streckte die Arme über den Kopf, klammerte mich am

Türgriff fest, und während ich kam, mehrmals kam, weinte ich.

Als Nicht-Daniel sich schließlich das Kondom überstreifte und mich auf die Knie zog, waren meine Beine kraftlos und schlaff. Er drehte mich weg von sich und drückte mich nach vorn, die Hand in meinem Kreuz. Dann legte er sich auf mich und drang in mich ein. Er fasste mich derb an, aber nicht grob.

Ich fragte mich, ob er das Gleiche dachte wie ich: Was, wenn eine unserer Mütter stirbt, während wir hier unten, um einen Ausdruck meiner Großmutter zu verwenden, rammeln wie die Karnickel?

Aber in der Enge der Rückbank, so besetzt mit unserer Trauer und unserer Begierde, hatten Schuldgefühle oder Angst keinen Platz. Nur Erleichterung.

Und das sagte ich Nicht-Daniel auch, als wir beide verschwitzt und völlig ausgepumpt dalagen und das Sitzleder klebrig an der feuchten Haut spürten.

»*Erleichtert?*« Er runzelte die Stirn und grinste dann. »Erleichtert? Soll das heißen, ich hab nicht geliefert?«

»Nein, nein«, sagte ich. »Du hast sehr wohl geliefert. Und wie du geliefert hast. Aber eins muss ich doch fragen …«

»Raus damit.«

»Hattest du keine Angst, dass eine von ihnen stirbt, während wir hier unten sind?«

»Daran hab ich keine Sekunde gedacht.«

»Echt nicht?«

»Echt nicht. Also hör mal, ich kann entweder liefern, oder ich kann an meine Mama denken, lebendig oder tot. Beides zugleich geht nicht.«

Und ich lachte, obwohl ich ein schlechtes Gewissen dabei hatte. Obwohl nichts so war, wie es sein sollte.

LIEBE SCHWESTER

Liebe Jackie,

das ist bestimmt schon mein fünfter Anlauf zu diesem Brief. Ich sage mir jetzt einfach, entweder du liest ihn oder du liest ihn nicht, und wie ich ihn schreibe, ist letztlich egal. Die Frage ist viel eher, wer du bist und was du in deinem Leben durchmachen musstest und was es dir bedeutet – beziehungsweise ob es dir überhaupt etwas bedeutet –, denselben Vater zu haben wie meine Schwestern Renee, Kimba, Tasheta und ich. Vielleicht hat es ja keinerlei Bedeutung für dich. Vielleicht ist dein Leben ohne unseren Vater bestens verlaufen, was ich dir sehr wünschen würde. Vielleicht bedeutet es dir aber auch sehr viel, und du hast dich immer nach einem Vater gesehnt und zu kämpfen gehabt, weil er nicht da war. So oder so hast du ein Anrecht zu erfahren, dass unser Vater Wallace »Stet« Brown letzte Woche an einem schweren Schlaganfall gestorben ist.

Soviel wir wissen, hast du unseren Vater nie kennengelernt. Er hat dich zuletzt als Säugling gesehen. Wenn das stimmt, und falls es dir irgendein Trost ist: Du hast nicht viel verpasst. (Das soll ich dir von unserer jüngsten Schwester Tasheta ausrichten. Gerade sitzen wir in Grandmas Haus zusammen, und alle rufen durcheinander und sagen mir, was ich dir schreiben soll. Zum größten Teil ignoriere ich sie. Sie haben mich zur Briefschreiberin bestimmt, weil ich klare Ansagen mache und nicht um den heißen Brei herumrede. Und weil ich, im Gegensatz zu Tasheta, weiß, was Taktgefühl ist.)

Ach ja, falls du dich das fragst: Bei uns hieß es schon immer »Grandmas Haus«, obwohl Granddaddy auch hier gewohnt hat, als er noch lebte. Er ist 2002 gestorben, Herzinfarkt, Gott hab ihn selig. Granddaddy hättest du gemocht. Jeder mochte ihn. Er hatte immer irgendwelche Witze oder lustigen Geschichten auf Lager. Er war ein feiner Mensch, wie Grandma auch. Ihre Kinder haben die Kurve nicht gekriegt, sie sind alle Junkies geworden oder sonstwie vom Weg abgekommen, obwohl ihre Eltern sich die größte Mühe gegeben haben, sie anständig zu erziehen. Manche Leute schlagen nun mal einfach ihren eigenen Kurs ein.

Aber zurück zu Stet. Tasheta hat recht. Du hast nicht viel verpasst. Stet – so nannten ihn alle außer Grandma, weil er in der High School immer einen Stetson aufhatte –, also Stet war als Dad nicht gerade der Hit. Jede von uns Schwestern hatte eine andere Beziehung zu ihm, aber keine davon war gesund und keine so, wie wir es gebraucht hätten.

Kimba ist die Älteste, und sie ist die Schlichterin. Zu unserem Vater hat sie »Wallace« gesagt, aber hauptsächlich hat sie ihn wie Luft behandelt. Dass Tasheta und Renee sich im Lauf der Jahre nicht doch irgendwann erwürgt haben, ist allein ihr Verdienst. Sie hat in Harvard studiert. Ihre Mutter (Jan) und meine Mutter waren Freundinnen ... bis Stet auftauchte. Aber als Kimba und ich in die

Schule kamen, vertrugen sie sich schon wieder und zogen uns beide auf wie Schwestern. Meine Mama sagte: »Ihr werdet einander noch brauchen. Jan und ich werden nicht immer da sein. Und euren Daddy könnt ihr komplett abschreiben.«

Jedenfalls lebt Kimba jetzt in Philadelphia und hat einen Mann und zwei Kinder. Deine Nichte und dein Neffe also. Sie ist die Einzige von uns, die Kinder hat, und sie ist die Ausgeglichenste. Wie gesagt, die Schlichterin. Sie hat sich ins Flugzeug gesetzt, sobald der Anruf von Renee kam, und sie hilft uns bei Grandma. Aber eigentlich will sie nichts wie weg hier, zurück in ihr Leben.

Apropos Grandma: Richtig dement ist sie noch nicht, glaube ich, aber es geht in die Richtung. Sie erinnert sich oft nicht an unsere Namen, aber dass ihr Baby-Boy tot ist, das weiß sie. Und sie trauert um ihn. Sie fängt immer wieder zu weinen an. Sie ist jetzt fünfundsiebzig und hat ihren Mann und alle ihre Kinder überlebt, bis auf einen Sohn, unseren Onkel Bird, der nach Granddaddys Tod bei ihr eingezogen ist, um sich um sie zu kümmern.

Als letzte Woche Kimba ankam, saßen wir alle bei Grandma um den Tisch. Ihre Nachbarn und die Leute aus ihrer Kirche hatten bergeweise Essen gebracht. Wir waren auf Tage hinaus versorgt: Brathuhn, Backhähnchen, Makkaroniauflauf, Grünkohl, russische Eier, Kartoffelsalat, Augenbohnen mit Reis, Früchtekuchen.

Wir saßen also da und aßen und schwatzten, und plötzlich sagte Grandma: »Welche von euch ist schwanger?«

Mit einem Hühnerbein fuchtelnd wie mit einem Zeigestock. »Ich hab fast die ganze letzte Woche von Fischen geträumt.«

Von Grandmas Fischträumen hören wir, seit wir denken können. Bei sieben Kindern, neunzehn Enkeln (dich mitgezählt), acht Urenkeln und drei Ururenkeln hat es Grandma auf sehr viele Fischträume gebracht.

»Irgendwer hier ist schwanger«, murmelte sie.

Renee, Kimba und ich sahen uns an und schüttelten den Kopf. »Wir sind's nicht, Grandma«, sagte Renee. (Tasheta war noch nicht da, sie kommt immer zu spät.)

Jedenfalls haben Grandmas Fischträume die Ankunft jedes einzelnen ihrer Kinder, Enkelkinder, Urenkelkinder und Ururenkelkinder angekündigt. (»Außer bei Khalil«, wie sie uns regelmäßig erinnert. »Wo Derrick dieses Mädel erst mitgebracht hat, wie es den Kleinen schon zwei Wochen gab. Und dann ist sie mir auch noch blöd gekommen, wie ich ihr gesagt hab, sie hätt mit ihm nicht so früh an die Luft gedurft, ohne Schuhe und Mützchen und alles. Und wenn's hundertmal Juni war!« Juni 1986, aber Grandma redet über »dieses Mädel« und »den Kleinen« immer noch, als wäre es gestern gewesen. Khalil ist inzwischen neunzehn und selber schon Daddy!)

Wenn Grandma von Fisch träumt, dann hat irgendwer aus der Familie ein Baby im Bauch. Alle sind sich einig, dass sie nur ein einziges Mal falschlag, was sie sich damit erklären, dass Grandma zu der Zeit im Krankenhaus lag, weil ihre Zuckerwerte verrückt spielten, und wirre Träume hatte. Aber Jackie, ich verrate dir jetzt ein Geheimnis, das sonst nur unsere Schwestern kennen: Sie lag gar nicht falsch. Und ich hatte mehr Schuldgefühle gegenüber Grandma, weil ich ihr in den Augen der Familie die Bilanz verdorben habe, als ich sie Gott gegenüber wegen der Abtreibung hatte. Noch fünfzehn Jahre später beschwert sich Grandma, dass »dieser Zucker noch viel böser ist, wie die Ärzte denken. Schmeißt den Leuten ihre Träume durcheinander ...« Trotzdem bringe ich es nicht über mich, ihr zu beichten, was ich getan habe.

Aber diesmal bin definitiv nicht ich diejenige, die schwanger ist. Ich kann es gar nicht sein, weil ich seit fast einem Jahr mit niemandem zusammen war. Weil Männer so anstrengend sind und ich einfach nicht den Nerv habe. Bist du verheiratet? Hast du Kinder?

Wie gesagt ... Vielleicht ist es ja eine Kusine von uns, oder eine von den Nichten. Oder Tasheta. Aber sie lässt sich immer diese Depotspritzen geben ...

Eine ist jedenfalls garantiert nicht schwanger: unsere mittlere Schwester Renee. Weil sie vermutlich immer noch Jungfrau ist. Renee ist die realitätsfernste von uns, was Stet betrifft. Sie ist meine richtige Schwester, nicht nur eine Halbschwester. (Ich möchte echt nicht wissen, was meine Mama geritten hat, dass sie gleich zweimal auf Stet reingefallen ist.) Aber darüber hinaus haben Renee und ich so gut wie nichts gemeinsam. Wie man an unserem Verhältnis zu Stet sehen kann. In der Grundschule hat Renee allen erzählt, dass Stet und Mama verheiratet wären, dass er jedes Jahr eine Bahamas-Kreuzfahrt mit uns machte und ihr zu Weihnachten ein Barbie-Traumhaus geschenkt hätte. Jedes Jahr war es ein anderes tolles Geschenk. Wobei Stet sehr wohl jährliche Kreuzfahrten auf die Bahamas machte – mit seiner jeweiligen Freundin. Und Geschenke bekamen wir von ihm grundsätzlich keine. Verlass war bei ihm einzig und allein auf gebrochene Versprechen, verspätete Unterhaltszahlungen (wenn er überhaupt zahlte) und die Sommer in Grandmas Haus. Diese Sommer sind das einzig Gute, was mir zu ihm einfällt, und auch da glänzte er die meiste Zeit, die wir dort waren, durch Abwesenheit.

Aber für alles das war Renee taub und blind. Sie kaufte dem Mann zu jedem seiner Geburtstage, jedem Vatertag, jedem Weihnachten eine Karte und ein Geschenk. Als wäre er mindestens Vater des Jahres. Mama fragte dann immer, ob ich ihm nicht auch etwas schenken wollte. *Nein, Ma'am.* Genau das antwortete ich ihr. Nein, Ma'am.

Tasheta und ich lagen irgendwo zwischen den Extremen Kimba und Renee. Wir schmorten in einem Töchter-Fegefeuer, wo man von seinem Vater sowieso kein Geschenk zum Geburtstag oder zu Weihnachten erwartet, aber sooft wieder nichts kommt, tut es doch höllisch weh.

An einem Vatertag waren Renee und ich mit Grandma in der Kirche. Renee war zehn, ich dreizehn. Stet hatte Grandma versprochen, auch zu kommen. Er versprach Grandma andauernd, in die Kirche zu kommen. Renee und ich saßen zu Grandmas beiden Seiten in ihrer üblichen Bank, zweite Reihe rechts. Renee drehte sich alle paar Sekunden nach der Kirchentür um. Sie war überzeugt, dass Stet jeden Augenblick hereinkommen müsste. Sie umklammerte ein Geschenk für ihn, ein Paar Socken, die sie ihm gekauft und in Weihnachtspapier eingepackt hatte. Der Pastor kam zum Ende der Predigt, und Renee drehte sich immer noch um, wieder und wieder. Grandma tätschelte ihr das Knie und drückte sie an sich. Aber Renee verrenkte nur immer weiter den Hals.

Dann rief der Pastor alle, die Jesus in ihr Herz einladen wollten, auf, zum Altar vorzukommen. Und dann bat er alle Väter nach vorn. Und Renee sah zu, wie all diese Männer am Altar niederknieten und gelobten, ihren Kindern gute Väter zu sein. Dann schaute sie ein letztes Mal zur Tür und heulte los.

Auf dem Weg aus der Kirche warf sie die Socken in den Mülleimer. Ich hätte Renee ihr Unglück an dem Tag so gern abgenommen. Aber es ging nicht. Ich konnte nur wiederholen, was unsere Mama zum Thema Stet zu sagen pflegte: »Er hat uns nicht verdient.« Weil es die Wahrheit war – er verdiente uns nicht. Aber Renee sah das nicht so. Ich glaube, sie hat bis heute nicht verstanden, was sie verdient hat – was sie wert ist.

*

So, ich musste kurz eine Schreibpause einlegen und mir noch was zu essen holen. Dieser Vatertag damals in der

Kirche … ich hab mich gefragt, wie du wohl all die Vatertage erlebt hast – und all die anderen Tage? Fährt man besser mit einem einzigen großen Schmerz anstelle der vielen kleinen Verletzungen? Hat man lieber gar keinen Vater als einen, der einen immer wieder enttäuscht? Oder doch lieber ein kleines Stück Vater, Enttäuschungen inklusive?

Na gut, aussuchen kann sich das am Anfang sowieso keiner. Aber wir können entscheiden, wie viel Platz wir ihm in unserem jetzigen Leben einräumen.

Ich kann nur hoffen, dass dieser Brief es für dich nicht noch schwerer macht. Ursprünglich hatten wir gar nicht geplant, uns bei dir zu melden. Als Kinder bekamen wir ab und zu mal am Rande etwas von einer Schwester mit, die es noch irgendwo geben sollte, aber wir dachten nie groß darüber nach. Aber dann saßen wir vor ein paar Tagen alle zusammen, und Grandmas Nachbarin Miss Margaret kam mit einem Süßkartoffelkuchen und fragte: »Hattet ihr nicht noch eine Schwester? Diese Dicke?«

Wir hatten keine Ahnung, wen sie meinen könnte.

»Die war vor ein paar Jahren mal zu Besuch. Irgendwo im Norden verheiratet …«

»Ach, das war ich, Miss Margaret«, sagte Kimba. »Mein Mann ist aus Philadelphia. Und ich war bei meinem letzten Besuch schwanger.«

»Nein, du warst einfach nur dick. Ich erinnere mich an dich, wie du schwanger warst.«

Ich schwör's, alte Leute wischen einem so einen Rotz nur deshalb hin, weil sie wissen, dass man ihnen keine scheuern kann. Kimba sah mich nur an: Dass dieses Miststück es wagt ...

Miss Margaret ließ nicht locker. »Es gab doch noch eine von euch ... noch eine Tochter von Stet.«

»Die haben wir nie kennengelernt«, sagte Renee eine Spur zu schnell.

»Sie hat auf jeden Fall ein Recht, es zu wissen«, verkündete Miss Margaret. Sie wandte sich an Grandma. »Findest du nicht auch, sie hat ein Recht, es zu wissen, Mae?«

Grandma sah von ihrem Kuchen hoch. »Wer?«

Miss Margaret schüttelte den Kopf. »Egal.«

In dem Moment kam Tasheta herein, laut telefonierend wie immer. »Girl!«, sagte sie in ihr Handy, »sag ihm, du kannst keine Gedanken lesen. Wenn er's oral will, muss er den Mund aufmachen. Sonst machst du deinen auch nicht auf!« Sie lachte laut über ihr eigenes Wortspiel. »Ganz im Ernst. Wie hieß es früher immer, ›Augen auf im Straßenverkehr‹? Bei mir heißt es: ›Mund auf beim Geschlechtsverkehr‹.«

»Tasheta!« Renee sprang vom Tisch auf. »Das ist ekelhaft! Zeig ein bisschen Respekt.«

Tasheta reckte ihr die flache Hand vors Gesicht: Lass stecken! Sie trug noch ihren Krankenhauskittel und hatte ihre Mikrozöpfe zu einem Knoten aufgesteckt.

Miss Margaret schniefte missbilligend. »Allmächtiger, was ist das hier für ein Sündenpfuhl. Mae, wir reden ein andermal, mach's gut.«

Tasheta beendete ihr Gespräch und küsste Grandma auf die Wange. »Hi, Grandma.«

»Weiß Gott, wo dieser Mund zuletzt war«, murmelte Miss Margaret, schon auf dem Weg zur Tür.

»Danke für Ihren Besuch, Miss Margaret«, sagte Kimba, die sie auf die Veranda hinausbegleitete. »Und für den Kuchen. Dann sehen wir Sie Samstag beim Gottesdienst.«

Diese Szene verrät dir im Prinzip schon alles, was du über Tasheta wissen musst. Plus vielleicht noch die Tatsache, dass sie und einer ihrer verheirateten Lover vor Kurzem ihr Fünfjähriges gefeiert haben.

Kimba fragte Tasheta: »Kannst du dich erinnern, ob Wallace irgendwas über eine andere Tochter von ihm erzählt hat?«

Renee schnaubte. »Komm, Grandma, ich lass dir ein Bad ein. Es wird langsam spät.«

Tasheta aß Makkaroni direkt aus der Auflaufform, und zwischen den Bissen dachte sie über Kimbas Frage nach. »Nee«, sagte sie dann. »Da klingelt bei mir nichts.«

»Miss Margaret findet, wir sollten ihr Bescheid sagen. Aber wir wissen nichts über sie.«

»Habt ihr Onkel Bird gefragt?«

Tasheta ist gnadenlos, aber sie hat Köpfchen. Ihre Mutter war früher Stripperin, aber sie hat immer darauf geschaut, dass Tasheta lernt und aufs College geht wie wir anderen auch. Tasheta ist Krankenschwester, Kimba Uni-Dozentin, Renee Kindergärtnerin, und ich leite eine Abteilung im Sozialamt. Was machst du beruflich?

Jedenfalls sagte ich, ich würde mit Onkel Bird reden (mit richtigem Namen heißt er Bert), der jetzt wieder in dem Zimmer wohnt, das er sich als Junge mit Stet geteilt hat. Onkel Birds Augen waren verweint und rot. Stets Tod hat ihn furchtbar mitgenommen. Er war sein großer Bruder und bester Freund.

Onkel Bird konnte sich nicht an deinen Namen erinnern, und von deiner Mama wusste er nur noch den Vornamen. Aber er sagte, sie wäre ein paarmal bei Grandma zu Besuch gewesen, und dich hätte er als Baby auch mal gesehen.

»Dein Daddy, das war ein Fuchs«, sagte Onkel Bird. Er lag auf seinem alten Bett, ich saß auf dem von Stet. »Alles hat er spitzgekriegt. Ich hab ja damals noch meine Dinger gedreht, so nebenbei. Aber ihm konnt ich nichts vormachen. Irgendwann saßen wir mit ein paar Buddies beim Trinken. Ich war gerade aus Miami zurück, aber ich wollt nicht rausrücken damit, was ich da zu tun hatte. Und Stet zeigt quer über den Tisch auf mich und sagt: ›Zu was fährt man schon nach Miami? Zum Dope-Kaufen, oder du hast Kids, nach denen du schaust, oder du machst gleich ein paar neue.‹«

Onkel Bird lachte. »Also sag ich zu ihm: ›Nigga, jetzt tu nicht so, als würde hier irgendwer über Kids reden. Kein Schwein außer dir spricht von seinen Kindern wie von Stichen beim Spades.‹« Onkel Bird hielt die Hand hoch, als hätte er Karten darin, und ahmte den schleppenden Ton meines Vaters nach: »›Äh ... ich sag mal fünf, und vielleicht noch einen dazu ...‹«

Wir lachten beide. Und dann weinte Onkel Bert wieder. Wie es halt so ist, wenn man trauert. Er hat ja nicht nur Stet verloren, sondern seine sämtlichen anderen Geschwister auch. Durch Drogen oder Gewalt oder beides. Wir haben unsere Tanten und Onkel kaum gekannt.

Als ich ins Esszimmer zurückkam, goss Tasheta sich und Kimba gerade einen Tequila ein. Sie stand auf und holte mir auch ein Glas.

Es wird dich wahrscheinlich nicht wundern zu hören, dass Renee uns ausreden wollte, nach dir zu suchen. (Und dass sie auch über den Tequila die Nase rümpfte.) Sie sagte, du würdest bestimmt gleich rumspionieren wollen, ob Stet vielleicht etwas Geld zu vererben hätte. Ich erinnerte sie daran, dass Stet, als er starb, nicht mal einen Pott zum Reinpissen besaß. Kümmer dich gar nicht um sie. Wie schon gesagt, sie leidet unter Realitätsverlust. Nach all den Jahren ist sie immer noch die treusorgende Tochter. Sie ist jede Woche zu ihm gegangen und hat für ihn eingekauft und gekocht. Und freitagabends saß sie mit ihm vor dem Fernseher wie eine Rentnerin. Renee war es auch, die ihn tot auf dem Badezimmerboden gefunden hat. Irgendwann habe ich sie gefragt, ob sie jemanden dated. Sie sagte, sie will keine Dates, sie will einen Mann, der sie umwirbt, und eines Tages wird ihr von Gott bestimmter Zukünftiger kommen und sie finden. Nur, wie soll ihr Zukünftiger sie finden, wenn sie nirgendwo anders hingeht als zur Arbeit und zu Stet? Glaubt sie, Gott hat ihr den Mann vom Kabelfernsehen oder den Hausmeister von Stets Mietshaus ausgesucht?

Während wir mit unseren Shots dasaßen, klingelte Tashetas Handy. Kimba sah hin und las die Kennung auf dem Display: »›Rektalbohrer‹? Tasheta, was machst du für Sachen?«

Tasheta schnappte sich das Handy. »Scher du dich um deinen Kram!« Sie ging ins Wohnzimmer und telefonierte wieder mit schallender Stimme.

Renee schien kurz vor einer Ohnmacht. Kimba und ich schenkten uns den nächsten Shot ein.

Als Tasheta ins Esszimmer zurückkam, war Renee immer noch stinkig. »Tasheta, wenn du schon keine Selbstachtung hast, solltest du wenigstens anderer Leute Ehen achten.« Tasheta kippte den Rest von ihrem Tequila herunter. »Ich achte ihre Ehen ja«, sagte sie und knallte ihr Glas auf den Tisch. »So lange, bis sie mir zu verstehen geben, dass ich damit aufhören soll.«

Kimba kicherte, und da war es um mich geschehen. Wir platzten alle los – bis auf Renee natürlich.

»Ihr beide billigt ihr Benehmen?«, fragte sie.

Bei Kimba schlug der Tequila durch: »Was habe ich da zu billigen oder nicht zu billigen?«, fragte sie. »Tash ist verdammt noch mal volljährig.«

»Lass ruhig, Kimba«, sagte Tasheta. »Wenn du nicht da bist, ignoriere ich Miss Superfromm einfach.«

»Zurück zur Ausgangsfrage«, sagte Renee. »Es ist wahrscheinlich eine Fügung, dass Onkel Bert den Namen von dieser Frau nicht mehr weiß. Nichts geschieht ohne Grund.«

»Himmelherrgott, kannst du auch noch was anderes von dir geben als Klischees?«

»Du sollst den …«

»… Namen des Herrn nicht unnützlich führen, bla, bla, bla. Hast du dir diesen weißen Ersatz-Daddy gesucht, weil dein Daddy aus Fleisch und Blut so ein Flop war? Ich sag dir was: Dein weißer Ersatz-Daddy ist um kein Haar besser. Sonst hätte er dir nämlich keinen echten Daddy verpasst, der einen Scheißdreck taugt!«

Renee holte tief Atem, kehrte Tasheta den Rücken zu und wandte sich an uns zwei andere. »Wie gesagt, es ist wahrscheinlich nur gut so. Sie ist ja doch keine von uns.«

»Keine von uns?« Tasheta lachte. »Was sind wir denn deiner Meinung nach? Außer einem Haufen Frauen, die alle von demselben Rohrkrepierer-Nigga mit einem Faible für blutjunge Mädels abstammen? Der nicht mal Unterhalt gezahlt hat? Sie ist definitiv eine von uns.«

»Ich meine«, Renee fuhr wieder zu Tasheta herum, »dass sie unseren Vater nicht so kennengelernt hat wie wir. Und wenn du schon im Leben keinen Respekt vor ihm hattest, zeig wenigstens ein bisschen Respekt vor den Toten.«

Tasheta setzte zu einer Antwort an, aber Kimba fiel ihr ins Wort. »Jetzt bremst euch mal ein, Ladies. Ihr raubt mir den letzten Nerv.« Sie massierte sich die Schläfen.

Tasheta kicherte. »Das dürfte der Tequila sein, Girl.«

Renee sagte: »In der Bibel steht, du sollst deinen Vater und deine Mutter ehren …«

»Deinen Vater ehren?«, fiel ihr Tasheta ins Wort. »Wann hat dieser Drecksack dich geehrt? Oder mich? Oder Kimba? Oder Nichelle? Oder irgendwen außer sein eigenes Vollversager-Ego? Einen Scheißdreck werd ich tun!«

»Gotteslästerin!«, kreischte Renee und hielt sich die Ohren zu.

Tasheta lachte. »Das ist jetzt nicht dein Ernst, oder?«

»Ihr beide!«, zischte Kimba. »Seid ihr wohl ruhig! Grandma und Onkel Bird schlafen.«

Renee senkte die Stimme. »Eins sag ich dir. Du wirst bei der Beerdigung keine irgendwie geartete Szene machen.«

Tasheta legte den Kopf schief. »Sonst passiert was?«

(Zur Info: Tasheta ist die Einzige von uns, die richtig streiten kann. Kimba bombardiert dich mit Argumenten, bis du Kakao schreist. Renee betet für dich. Und ich gebe aus sicherer Entfernung meinen Senf dazu.)

»Sonst ... sonst lasse ich dich aus der Kirche werfen.«

»Na bravo! Viel Glück damit!«

»Tasheta, das ist nicht lustig. Beerdigungen sind dazu da, die Toten zu ehren und die Lebenden zu trösten. Wenn du das nicht respektieren kannst, musst du leider wegbleiben.«

»Schon klar, du denkst, du hast hier das Sagen und du warst sein Liebling und alles das. Geschenkt! Aber mich kommandierst du nicht rum. Du. Kommandierst. Hier. Überhaupt. Niemand. Rum.« Tasheta akzentuierte jedes Wort ihres letzten Satzes mit einem Klatschen.

»Können wir einen Waffenstillstand ausrufen?«, fragte Kimba.

»Nein!«, riefen Tasheta und Renee wie aus einem Mund.

»Renee«, sagte ich. »Tu doch nicht so, als wären wir irgendeine altehrwürdige Dynastie und Stet unser Patriarch. Und wenn du schon die Bibel zitierst, dann wenigstens vollständig. ›Du sollst deinen Vater und deine Mutter ehren‹ – übrigens das erste der Zehn Gebote, in dem etwas versprochen wird –, ›auf dass es dir wohlergehe und du lange lebest auf Erden‹. Ich versteh dich ja, Girl. Du willst deinen Lohn im Himmel empfangen. Du hast dich so verzweifelt danach gesehnt, dass dieser Mann deine Liebe erwidert. Und vielleicht hat er das ja sogar. Aber du musst auch respektieren, dass wir anderen nicht das wollten, was du wolltest. Und was immer du gekriegt zu haben glaubst, wir haben es nicht gekriegt.«

Renee verschränkte die Arme und fing an zu weinen. Sie sah so sehr aus wie als Zehnjährige an diesem Vatertag damals in der Kirche, dass ich fast eingeknickt wäre. Aber nur fast.

»Und«, fuhr ich fort, »um das auch noch zu sagen, der nächste Vers lautet: ›Ihr Väter, reizt eure Kinder nicht zum Zorn, sondern erzieht sie in der Zucht und Ermahnung des Herrn.‹«

»Im Klartext«, sagte Tasheta, »wenn du *ihn* nicht mit Bibelsprüchen traktiert hast, dann verschon mich verdammt noch mal auch damit.«

»Und zu dir ...« Ich drehte mich zu Tasheta um. »Wir sind mehr als nur die Kinder von irgendeinem Rohrkrepierer. Wir sind Schwestern. Wir haben vielleicht manchmal Krach, aber wir sind immer füreinander da. Ich werd mich am Samstag nicht deshalb schwarz anziehen und mich in diese Kirche hocken, weil Stet so ein toller Vater war. Denn das war er nicht, das wissen wir alle. Ich gehe aus Liebe zu Grandma und Onkel Bird und Renee und Kimba und zu dir verrücktem Huhn hin. Stet war das Bindeglied zwischen uns, aber wir waren auch so unser gesamtes Leben zusammen, und zwar neunundneunzig Prozent der Zeit ohne ihn. Wir haben ganze Sommer in dem Haus hier verbracht, immer in diesem mickrigen Vorgarten, weil uns Grandma partout nicht auf die Straße rauslassen wollte. Wisst ihr noch?«

Kimba und Tasheta nickten und fingen an zu lachen. Sogar Renee lächelte schwach.

Kimba sagte: »Genau, und einmal kamen wir vom Spielen rein, und Onkel Bird sagte: ›Verdammt, ihr stinkt wie eine Herde Ziegenböcke!‹«

»Und Grandma hat ihm die zusammengerollte Zeitung über den Rücken geklatscht, weil sie keine Flüche in ihrem Haus duldete«, fügte Renee mit einem vielsagenden Blick auf Tasheta hinzu.

Wir lachten noch ein bisschen weiter, und dann saßen wir zum ersten Mal seit Ewigkeiten still da und erinnerten uns. An all unsere guten, vertrauten Zeiten miteinander. Unsere Sommer bei Grandma. Und während des Schuljahrs unsere Besuche untereinander, mit Übernachten, mit Kleidertauschen. Ausflüge nach Disney World. Liebeskummer wegen irgendwelcher Jungs. Lästern über unsere Mütter. Gegenseitiges Haareflechten. Schulbälle. Abschlussfeiern. Kimbas Hochzeit.

Und Stet hatte mit alledem nichts zu tun gehabt. Weil er ein Mann war, der immer nur nahm und nie gab, haben wir jetzt auch nichts, worum wir trauern müssten.

Tasheta brach das Schweigen. Sie stand auf und richtete sich noch eine Portion zum Mitnehmen her. »Ich muss morgen früh raus. Ich pack's.« Sie schnappte sich ihre Schlüssel und die Handtasche und umarmte alle außer Renee.

Inzwischen denkst du bestimmt, mit so einem Schlamassel, wie wir ihn hier haben, willst du auf gar keinen Fall etwas zu tun haben. Aber ich verspreche dir, wir sind die besten Schwestern, die du dir nur wünschen kannst. Lass mich erzählen, wie es weiterging.

Wir vier trafen uns erst für die Fahrt zur Beerdigung wieder. Renee hatte eine Limousine für uns Schwestern organisiert und eine für Grandma, Onkel Bird und Kimbas Mann mit den Kindern.

Renee und Tasheta führten nach wie vor ihren kalten Krieg, aber wenigstens lag die Betonung jetzt auf »kalt«. Tasheta war am Morgen in einem rückenfreien schwarzen Kleid und transparenten Absätzen bei Grandma aufgekreuzt, zog dann aber doch einen Blazer drüber, den Renee aus dem Kofferraum ihres Wagens hervorholte.

Die Beerdigung war … eine Beerdigung. Renee, Grandma und Onkel Bird weinten. Kimbas Kinder zappelten herum; Kimbas Mom versuchte sie mit Süßigkeiten zur Ruhe zu bringen. Meine Mutter saß in der hintersten Bank; ich sah sie nicht, aber sie hatte mir gesagt, dass sie dort sitzen würde. Ein paar Freunde von Stet, die keine Ahnung hatten, wie er als Vater gewesen war, standen auf und beklagten, welch großartigen Freund sie mit ihm verloren hätten. Der Chor sang zwei Lieder. Der Pastor sprach von der Gottestreue meiner Großeltern, die sich wie ein Schirm über das Leben ihrer Kinder und Kindeskinder gespannt hätte, was vermutlich das Äußerste war, was er sagen konnte. Und dann machte er das, was Pastoren gerne machen, wenn sie jemanden beerdigen, der schon seit Jahrzehnten keinen Fuß mehr in die Kirche gesetzt hat: Er rief den Trauernden ihre eigene Sterblichkeit vor Augen und erinnerte sie daran, wo sie die Ewigkeit höchstwahrscheinlich verbringen würden, wenn sie sich mit Jesus nicht schleunigst gut stellten.

Jesus und ich stehen seit einem Altarruf vor Jahren bestens miteinander, also schaltete ich ab diesem Punkt mehr oder weniger ab. Zwischen Stet und mir war auch schon seit langer Zeit alles geklärt: Ich erwartete von ihm nicht mehr, dass er sich verhielt wie ein Vater, und er erwartete von mir nicht mehr, dass ich mich verhielt wie Renee. Als uns der Mesner nach dem Gottesdienst aus der Kirche führte, war ich mehr als bedient.

Am Grab nahmen wir Schwestern Grandma und Onkel Bird in die Mitte, während der Sarg in die Erde gesenkt wurde. Als die Leute sich zerstreuten, um zurück zur Kirche zu fahren, wo der Leichenschmaus stattfand, blieb ich allein am Grab stehen. Ich war noch nicht bereit für den großen Auftrieb.

Aber bei uns Schwarzen hast du nun mal nie deine Ruhe. Ein grauhaariger Mann mit Hängebacken und sehr heller Haut kam zu mir herüber und stellte sich neben mich. »Mein Beileid«, sagte er.

»Danke.«

»Ich war ein Freund von deinem Daddy. Chauncey?« Chauncey wartete auf ein Anzeichen des Erkennens von mir. Als keines kam, redete er trotzdem weiter, mit dem Finger vor meinem Gesicht herumwackelnd.

»Dein Daddy hat ständig von dir erzählt, weißt du? Richtig angegeben hat er mit dir. Nur Einser in der Schule. College und was weiß ich noch alles. Yale!«

»Das ... das war nicht ich. Das ist meine Schwester, Kimba. Und sie war in Harvard.«

»Ach was, er war auf euch alle stolz ... Yessir, mmmh mmmh *mmmh!* Was für schöne Töchter Stet hat!« Chauncey rieb mir die Schulter, und ich schauderte bei der Berührung zusammen. Er musste es gemerkt haben, aber er ließ die Hand, wo sie war. Meine Haut unter dem Stoff der Kostümjacke überzog sich mit kaltem Schweiß.

»Wunderschöne Mädels, wirklich«, murmelte er.

Ich brauchte ein paar Sekunden, um Chaunceys Gemurmel als Kompliment einzuordnen. Und noch ein paar Sekunden länger brauchte ich, um es als hochgradig ungehöriges Kompliment einzuordnen angesichts der Umstände und der Art, wie sich seine Hand an mir zu schaffen machte.

»Und was machst du nachher noch so?«, fragte er.

Ich riss mich los. Blinzelte mehrmals. Ich konnte es nicht fassen. »Du hast fünf Sekunden, um von hier abzuhauen«, sagte ich, »bevor ich nach meinem Onkel schreie, damit er kommt und Hackfleisch aus dir macht. Fünf ...«

Chauncey wich zurück.

In der Limousine war ich einsilbig. Ich hatte gedacht, die anderen würden es einfach auf den ernsten Anlass schieben. Aber nicht Tasheta. Ich hab dir ja gesagt, Tasheta hat Köpfchen.

»NiNi, was ist mit dir?«

Ich schluckte und erzählte ihnen dann, was passiert war.

»O Shit!«, sagte Renee. »Dieses verdammte Dreckschwein!« Alle starrten wir sie an.

Beim Leichenschmaus saß ich mit Grandma, Onkel Bird, Kimba samt Anhang und meiner Mutter zusammen. Die Frauen von der Kirche brachten uns vollgehäufte Teller und Becher mit Früchtepunsch.

Am Nachbartisch konnte ich Tasheta sehen, die Chauncey gegenübersaß, nickend und lächelnd. Ich hatte den Eindruck, dass es auch jetzt wieder um Stets schöne Töchter ging. Renee setzte sich zu ihnen und stellte einen Teller mit Essen und einen Becher Früchtepunsch vor ihn hin. Er redete weiter, und Renee und Tasheta nickten und lächelten dazu.

Und dann trank Chauncey einen großen Schluck Früchtepunsch.

Und schrie auf.

Er griff sich an die Gurgel. Schweiß brach ihm aus, seine Augen tränten. Einige von den Kirchenfrauen stürzten herbei. Renee und Tasheta kamen mit ihren Tellern zu unserem Tisch herüber, setzten sich hin und aßen seelenruhig weiter.

»Was ist denn mit Chauncey los?«, fragte Onkel Bird.

»Vielleicht hat er es mit der Chilisoße übertrieben, keine Ahnung«, sagte Renee. »Grandma, soll ich dir noch was holen?«

»Nein, lass, Kindchen«, sagte Grandma. »Ich bin satt. Wenn ich bloß wüsste, wer hier schwanger ist. Ständig hab ich diese Fischträume ...«

Es war ein langer Tag.

Und das ist jetzt ein sehr langer Brief. Aber du solltest ja nicht nur von Stets Tod erfahren. Wir wollten, dass du auch uns ein bisschen kennenlernst. Sogar Renee. Sie braucht nur etwas länger. Als Onkel Bird endlich auf den Nachnamen deiner Mutter kam, war sie zwar erst leicht angesäuert, aber eigentlich ist sie genauso neugierig auf dich wie wir anderen.

Kimba lässt dir sagen, wenn du mal nach Philadelphia kommst, sollst du dich unbedingt bei ihr melden. Unsere Adressen und Telefonnummern liegen alle bei.

Von Onkel Bird soll ich dir ausrichten, dass in seinem Herzen genug Platz für noch eine Nichte mehr ist.

Und in meinem ist Platz für noch eine Schwester mehr.

Ach ja, und Tasheta will wissen, ob du auf Whisky stehst oder eher auf Gin.

Deine Schwester
Nichelle

PS: Grandma lässt fragen, ob du eventuell schwanger bist.

PFIRSICH-COBBLER

Der Pfirsich-Cobbler meiner Mutter war so gut, dass Gott höchstselbst dafür seine Frau betrog. Schon als Fünfjährige drückte ich mich in der Küche herum, wenn meine Mutter ihn backte, nah genug an ihr dran, um bereits mit sechs Jahren sämtliche Zutaten und Schritte auswendig zu wissen. Aber nie so nah, dass sie mich schimpfen konnte, weil ich ihr im Weg war. Und auch nie so nah, dass ich die Mengen sah, die sie abwog. Das Rezept gab es nicht schriftlich. Sie musste mir nicht erst verbieten, Fragen über diesen Auflauf zu stellen, oder über Gott. Ich lernte schnell, keine Silbe darüber zu verlieren, dass Gott jeden Montag an unserem Küchentisch saß und Berge von Pfirsich-Cobbler in sich hineinschaufelte, bevor er in das Schlafzimmer verschwand, das ich mit meiner Mutter teilte.

Ich wurde zur stummen Beobachterin meiner Mutter und ihrer Cobbler-Taktiken. Selbst als ich schon größer war und Gott und Reverend Troy Neely nicht mehr für ein und dieselbe Person hielt, blieb dieser Cobbler mit seiner Süße und seiner lockeren, knusprigen Teigkruste das Ziel aller meiner Wünsche. Mir stellte meine Mutter Fertiggerichte hin, aber jeden Montag machte sie einen Pfirsich-Cobbler aus frischen Pfirsichen. Der Montag war der eine Tag in der Woche, an dem sie nicht im Diner kellnerte. Sie sagte immer, der Sonntag sei ihr Samstag und der Montag ihr Sonntag. Fest stand, dass keiner ihrer Tage für mich war.

Und an vielen dieser Montage meiner Kindheit kam (in meiner kindlichen Vorstellung) Gott zu Besuch und verschlang eine komplette Auflaufform voll mit Pfirsich-Cobbler. Meine Mutter aß nie mit; sie mochte keine Pfirsiche, sagte sie. Mich scheuchte sie aus der Küche, bevor Gott mir etwas anbieten konnte, aber wahrscheinlich hätte er mir auch dann nichts angeboten, wenn ich mich neben ihn an den Tisch gesetzt hätte. Gott war ein alter, dicker Mann, wie ein schwarzer Santa Claus sah er aus, und an seinem Körperumfang, schien mir, trug der Pfirsich-Cobbler meiner Mutter eine Mitschuld.

An manchen Montagen kam Gott nach dem Abendessen und ging wieder, während ich noch auf die Wohnzimmercouch gekuschelt *Unsere kleine Farm* sah. An anderen Tagen waren meine Mutter und Gott schon im Schlafzimmer, wenn ich aus der Schule kam. Dann empfingen mich gleich beim Eintreten Stöhnen und ein stampfendes Geräusch, als würde ein Brett gegen eine Wand schlagen. In so einem Fall zog ich die Haustür ganz leise zu und schlich auf Zehenspitzen durch die Diele, um vor der Schlafzimmertür zu lauschen. »O Gott! O Gott! O Gott!«, schrie meine Mutter. Und Gott hörte ich auch, seine leise, heisere Stimme, die »ja« keuchte, »ja, ja, ja!«

Schon bevor er seine Montagsbesuche bei uns aufnahm, hatte ich Pastor Neely, den Pastor der Hope-in-Christ Baptist Church, im Verdacht gehabt, Gott zu sein. Er war groß, schwarz und allmächtig, genau wie ich mir Gott vorstellte. Mein allererster Osterspruch, den ich als Kindergartenkind in der Sonntagsschule hatte aufsagen müssen, lautete: »Jesus ist der Sohn Gottes«, aber ich fand nichts Merkwürdiges daran, dass ein schwarzer Gott einen blonden, blauäugigen Sohn haben sollte. Pastor Neelys Teint war dunkel, der seiner Frau sehr hell, und ihr Sohn Trevor, der etwa so alt wie ich war, hatte graue Augen und keine wesentlich dunklere Haut als der Jesus, dessen Abbild überall in unserer Kirche hing. Dazu kam, dass nach der Hälfte jedes Sonntagsgottesdienstes Pastor Neely, seine Frau und Trevor vor dem Altarraum Aufstellung nahmen und die Spenden der Gemeinde einsammelten, die sogenannte »Liebesgabe«, während der Chor sang: »I Love You Lord Today«. Die Schlussfolgerung lag somit nahe, dass Pastor Neely dieser »Lord« sein musste. Die Lustschreie meiner Mutter, die durch unsere Schlafzimmertür drangen, bestätigten mich in meinem Glauben.

Mir gefiel die Theatralik von Pastor Neelys Sonntagspredigten. Von der Kanzel herab donnerte und tobte er der Gemeinde etwas vom Zorn und Gericht Gottes vor. Und wenn er von Gottes Güte und Gnade sprach, schlang er die Arme um seinen dicken Leib und wiegte sich hin und her. Dann stieg er von der Kanzel herab und streifte zwischen den Bankreihen herum, mit neuer Energie geladen und beschwingt von der »Heilsbotschaft«, wie er sie nannte. Für einen so massigen Mann bewegte er sich erstaunlich leicht und grazil. Wenn schließlich die Zeit für den Altarruf kam, waren die meisten Frauen und einzelne Männer längst aufgesprungen, schwankten hin und her und stießen Rufe aus. Aber nicht meine Mutter. Sie blieb sitzen, ihre Miene undurchdringlich wie immer.

Pastor und First Lady Neely wirkten wie ein Paar aus einem Comic: er feist und rund, sie lang und dürr wie eine Strichfigur. Bei der Liebesgabe stand sie hochaufgerichtet da, so steif und gerade wie ein Pfeil. Ihr glattes braunes Haar hing ihr bis zu den Schultern, und lange Zeit hielt ich sie für eine Weiße, bis sie mir Jahre später die Tür öffnete und ich sie erstmals aus der Nähe sah.

Wie viele Kirchgängerinnen bei uns trug First Lady Neely einen breitkrempigen Hut, aber sie zog ihn so tief ins Gesicht, dass er fast ihre Augen verdeckte. Trotzdem konnte ich genug von ihr sehen, um zu wissen, dass sie nicht die großen, hungrigen Augen meiner Mutter hatte, dass sie nicht schön war wie meine Mutter. Sie hatte nicht ihre vollen Brüste und ausladenden Hüften, auf die fremde Männer auf der Straße reagierten. »Lüsternes Pack« nannte meine Mutter diese Männer, die ihr obszöne Dinge zuraunten, wenn sie mit mir an ihnen vorbeiging. First Lady Neely ging wahrscheinlich überhaupt nie zu Fuß irgendwohin. Ich hatte einmal gesehen, wie sie auf dem Parkplatz vor der Kirche aus einem rosa Cadillac stieg. Eine der Kirchendamen, die in der Nähe stand, sagte zu einer anderen, das Geld für den Wagen hätte sie sich mit dem Vertrieb von Mary-Kay-Kosmetik verdient.

Pastor Neely fuhr immer Luxusautos, jedes Jahr ein

neues, alle von der Gemeinde geschenkt. Er parkte am Waldrand hinter unserem Haus, das allein am Ende eines Schotterwegs stand. Der nächste Nachbar lebte eine halbe Meile entfernt, da, wo mein Bus hielt.

Einmal – ich ging in die zweite Klasse – rannte ich die komplette halbe Meile bis nach Hause, weil ich meiner Mutter etwas ganz Großartiges zu erzählen hatte. Ich stieß die Tür auf, pfefferte meinen Ranzen aufs Sofa und platzte atemlos in die Küche.

Pastor Neely saß am Tisch, den Kopf tief über den Teller gebeugt. Es war Montag. Er sah von seinem Pfirsich-Cobbler hoch und sagte Hallo, das O betont und in die Länge gezogen auf diese gezwungene, künstliche Art, wie Leute es machen, die nicht erpicht auf die Gesellschaft von Kindern sind. Ich sagte auch Hallo, und er konzentrierte sich wieder auf seinen Cobbler. Er aß langsam, in verblüffend kleinen Bissen. Beim Anblick seiner fleischigen Lippen, die halb geöffnet waren und glänzten, musste ich an die Filmküsse im Fernsehen denken. Der Löffel verschwand praktisch in seiner riesigen Pranke. Seine Finger erinnerten mich an die dicken Würste, die meine Mutter sonntagmorgens manchmal zum Frühstück briet.

Meine Mutter lehnte mit verschränkten Armen an der Anrichte neben der Hintertür und sah Pastor Neely beim Essen zu. Sie wirkte zufrieden – nicht direkt glücklich, aber zufrieden. Und doch beobachtete sie ihn so scharf, als würde sie sofort losstürzen und ihm den Weg ins Freie versperren, falls er Anstalten machte zu gehen.

»Mama!«, sagte ich, immer noch ganz außer Atem. »Rate, was passiert ist!«

»Was?« Sie wandte den Blick nicht vom Pastor.

»Latasha Wilson hat mich zu ihrem Geburtstag eingeladen. Mit Übernachten! Darf ich hingehen?« Die Kinder in der Schule erzählten, dass Latasha Wilson in einem Haus mit zwei Stockwerken wohnte und ein rosa Barbie-Himmelbett hatte. Ihre Haare waren immer sorgsam geglättet und zu glänzenden Korkenzieherlocken gedreht, die sie in einem hohen Pferdeschwanz trug. Ihr Vater arbeitete in einer Bank. Die Einladungskarte, die ich mir vorne ins T-Shirt gesteckt hatte, roch nach Bubblegum. Latasha selbst roch nach Bubblegum. Vielleicht roch ihr ganzes Haus ja nach Bubblegum? Ich konnte es kaum erwarten, das herauszufinden.

»Nein«, sagte meine Mutter.

Fast hätte ich »Warum nicht?« gefragt. Ich konnte es mir gerade noch verbeißen. Meine Mutter hatte nach wie vor nur Augen für Pastor Neely, der wiederum nur Augen für seinen Cobbler hatte. Meine Augen füllten sich mit Tränen.

»Worauf wartest du? Geh dich umziehen«, sagte meine Mutter.

Heulend stolperte ich aus der Küche. Aber statt hinüber ins Schlafzimmer zu gehen und meine Schulkleider auszuziehen, blieb ich in der Diele stehen. Normalerweise machte ich, was meine Mutter mir auftrug. Aber in dem Moment war mir zu elend dafür.

Ich spähte hinter dem Türrahmen hervor. Meine Mutter hatte sich an den Tisch gesetzt, Pastor Neely gegenüber. Sie konnte mich nicht sehen, aber Pastor Neely schaute plötzlich von seinem Cobbler auf, mir mitten ins Gesicht. Ich wich hastig zurück und hielt den Atem an. Doch anstatt mich zu verraten, stellte Pastor Neely meiner Mutter eine Frage. »Warum lässt du das Kind nicht zu dem Geburtstag gehen?«

Ich lugte wieder um die Ecke.

Meine Mutter seufzte. »Weil ich lieber für mich bin, und weil das etwas ist, das sie auch lernen muss. Es ist besser so. Wenn du dich einladen lässt, dann erwarten die Leute, dass du dich revanchierst. Und dann kommen sie zu dir und schauen sich um, was du in deinem Haus alles hast und was nicht, und als Nächstes weiß die ganze Stadt über deine Angelegenheiten Bescheid.« Meine Mutter fuhr mit den Fingerspitzen die Tischkante entlang und lächelte vor sich hin. »Und du verstehst sicher, warum ich darauf nicht wild bin.«

Pastor Neely sagte nichts. Er aß nur kopfschüttelnd den nächsten Löffel Cobbler.

»Und außerdem«, sagte meine Mutter, »versuche ich sie so zu erziehen, dass sie zufrieden ist mit dem, was sie hat. Die Mutter von dieser Latasha kenn ich noch aus der Schule, und ihren Vater auch. Und da waren sie schon Angeber, die mit allem geprotzt haben. Er hat sie in dem Lincoln von seinem Daddy rumkutschiert, bis sein Daddy ihm einen Mustang gekauft hat. Mit sechzehn! Das sind reiche Leute, die haben Geld und alles. Diese Latasha ist sicher restlos verwöhnt, und ihre Geburtstagsparty wird völlig überzogen sein.«

»Ich kenne diese Leute nicht«, sagte Pastor Neely, »aber wenn der Herr sie gesegnet hat und sie den Geburtstag ihres Kindes feiern und dein Kind daran teilhaben lassen möchten, kann ich darin kein Problem erkennen.« Es war seltsam, Pastor Neely abseits seiner Kanzel über den Herrn sprechen zu hören. Ohne diese furchterregende Donnerstimme klang er wie ein ganz normaler Mensch. Ein ganz normaler Mensch, der meine Mutter vielleicht doch noch dazu überreden konnte, mich zu Latasha Wilsons Party gehen zu lassen. Ich drückte fest beide Daumen.

Meine Mutter setzte sich noch gerader hin. Sie sprach langsam, als würde sie jedes Wort einzeln überdenken. »Die können ihr Kind aufziehen, wie sie es für richtig halten. Aber ich werde meine Tochter nicht so erziehen, dass sie ein süßes Leben erwartet, denn süß wird ihr Leben nicht werden. Je eher sie begreift, was für sie drin ist und was nicht, desto besser. Sie soll das süße Leben gar nicht erst kennenlernen, sonst wird sie den Hals nicht vollkriegen und immer nur warten, ob nicht irgendwo ein paar Krümel für sie abfallen.«

Pastor Neely warf noch einen Blick in meine Richtung, schüttelte wieder den Kopf und aß den letzten Löffel Cobbler.

Ich wich hinter den Türrahmen zurück und ließ meine Daumen los. Neue Tränen schossen mir in die Augen.

Ohne hinschauen zu müssen wusste ich, jetzt sammelte meine Mutter mit geübten Bewegungen die leere Auflaufform, den Teller des Pastors und seinen Löffel ein. Sie trug alles zur Spüle, um es dort einzuweichen wie immer, sodass ich später nicht mal heimlich die Reste ablecken konnte, die noch am Geschirr klebten.

»Dein Pfirsich-Cobbler ist wirklich der beste der Welt«, hörte ich Pastor Neely sagen, als wäre Latasha Wilsons Geburtstagsfeier nie Thema gewesen. Das sagte er jedes einzelne Mal. Und weil er für mich eine Art schwarzer Santa war, bereiste er in meiner Phantasie nach dem Sonntagsgottesdienst von Dienstag bis Samstag die ganze Welt und kostete die Pfirsich-Cobbler anderer Mütter, nur um am Montag doch wieder zu dem meiner Mutter zurückzukommen.

Ich zog die Schulkleider aus und meine normalen Sachen an und setzte mich aufs Sofa. Ich wusste nicht umzugehen mit diesem neuen Gefühl meiner Mutter gegenüber: Wut.

Ich hörte die zwei in unser Schlafzimmer verschwinden und die Tür zumachen. Ich stand auf und schob mir ein Fertiggericht in den Ofen. Manchmal dachte meine Mutter daran, mir eins aufzuwärmen, manchmal nicht. Mein liebstes war das Hühnchen mit Kartoffelbrei, Mais und einem warmen Brownie. Den Brownie aß ich immer als Erstes, solange er innen noch flüssig war.

Manchmal blieben Pastor Neely und meine Mutter nur Minuten im Schlafzimmer, manchmal über eine Stunde.

Aber immer lachten sie, wenn sie herauskamen. Meine Mutter lachte über irgendeinen Witz, den ich nicht mitgekriegt hatte, und wünschte Pastor Neely noch einen schönen Abend. Und er lachte und dankte ihr nochmals für den Pfirsich-Cobbler.

An das Lachen erinnere ich mich deshalb so gut, weil ich mir in dem Schweigen, das unser Haus zwischen Pastor Neelys Besuchen erfüllte, oft wünschte, ich würde die richtigen Witze kennen, um meine Mutter so zum Lachen zu bringen. Ich kannte die richtigen Witze nicht, aber ich dachte, wenn ich nur ihre Hände beobachtete, wie sie die Pfirsiche in Scheiben schnitten, wenn ich nur mitzählte, wie oft sie umrührte, und lernte, am Geruch zu erkennen, wann der Cobbler fertig war – vielleicht, dachte ich, gelang dann auch mir ein Cobbler, der Gott gefiel. Und das würde vielleicht meiner Mutter gefallen.

An den Montagen, an denen Gott nicht kam, schaufelte meine Mutter den Cobbler nach dem Abendessen in den Mülleimer, goss sich ein großes Glas Tanqueray ein und schickte mich früh ins Bett. Manchmal kam Gott mehrere Wochen am Stück nicht. Oder sogar mehrere Monate. Ich musste daran denken, was eine zahnlose alte Frau einmal beim Altarruf geäußert hatte: »Gott kommt vielleicht nicht dann, wenn du's möchtest, aber er kommt immer genau recht.«

Als ich acht war, lag ich eines Montagabends schlaflos im Bett und dachte an den Cobbler am Boden unseres Mülleimers. Aber dann fiel mir plötzlich ein, dass ich an diesem Abend ganz kurz, bevor meine Mutter den Auflauf weggeworfen hatte, den Müll rausgebracht und die Tüte ausgewechselt hatte. Ich stand auf, als wollte ich aufs Klo gehen, aber stattdessen schlich ich in die Küche.

Im Dunkeln langte ich hinab in den Mülleimer, bis meine Fingerspitzen auf etwas Feuchtes, Klebriges stießen. Ich nahm eine Handvoll Cobbler und stopfte mir alles auf einmal in den Mund. Der zuckrige Saft lief mir beim Kauen aus den Mundwinkeln und tropfte mir übers Kinn. Ich schmeckte die Pfirsiche und den vom Pfirsichsirup durchtränkten Teig. Noch nie hatte mir etwas so gut geschmeckt. Aus dem Gedächtnis rief ich mir sämtliche Handgriffe meiner Mutter vor Augen. Wie sie die Pfirsiche ins kochende Wasser tunkte und sie dann unters kalte Wasser hielt, um die Schalen abzuziehen. Wie leicht sie mit dem Messer hantierte, wenn sie die Pfirsiche zerteilte. Wie liebevoll sie die Dosenpfirsiche abtropfen ließ, wenn keine Georgia-Pfirsiche zu bekommen waren.

Ich wünschte mich an die Stelle dieser Pfirsiche. Ich sehnte mich danach, von solch liebevollen Händen berührt zu werden. Und wenn das nicht ging, sehnte ich mich nach dem Zweitbesten: mit meinen eigenen Händen so ein Wunderwerk zu erschaffen.

»Was machst du da?«

Ich fuhr herum. Im Türrahmen stand, die nackten Arme verschränkt, meine Mutter. Sie trug ein verschossenes Baumwollnachthemd, das einmal himmelblau gewesen war.

»Ich hab dich was gefragt«, sagte sie. Ihre Zunge war eine Spur schwer vom Gin.

Meine Tränen flossen schon. Ich stand da, die klebrigen Finger immer noch im Mund. Ich biss fest darauf; ich wusste keine Antwort, aber nichts zu sagen, wagte ich auch nicht. Meine Mutter schlug mich nicht oft – in der Regel wusste ich inzwischen ganz gut, wie ich ihrem Zorn entging. Aber wenn es doch geschah, war es jedes Mal, als schöpfte sie aus einem uralten Quell wilder Wut, der viel tiefer reichte als mein jeweiliges Vergehen. Sie wimmerte und heulte mit mir um die Wette, während sie zuschlug, und stieß dabei immer wieder hervor, wer nicht hören wolle – der – müsse – fühlen!

»Antworte gefälligst!«

»Ich wollte den Cobbler probieren.«

»Gehört er dir?«

»Nein, Ma'am.«

»Was habe ich dir gesagt? Was ist das, wenn du Sachen nimmst, die dir nicht gehören?«

»Das ist Stehlen.«

»Wem gehört der Cobbler?«

Meine Mutter und ich hatten nie darüber gesprochen, was an den Montagen passierte, aber instinktiv wusste ich, dass meine Fragen nicht erwünscht gewesen wären; bei Fragen von mir war ihre Geduld von Haus aus begrenzt.

»Er gehört ... er gehört ... Gott.«

Meine Mutter starrte mich an. »Sag mal, hältst du mich für völlig schwachsinnig, Mädchen?« Sie machte einen

Schritt auf mich zu. Ich rannte zur Hintertür und drückte mich mit dem Rücken dagegen. Die Gefahren draußen schienen mir trotz allem noch größer als die drinnen.

Meine Worte überschlugen sich. »Nein, Mama, ich halte dich nicht für schwachsinnig. Du machst ihn doch immer für Gott.«

»Ich mache den …?« Mama ließ sich auf einen Küchenstuhl fallen. »Du glaubst, dass …« Sie gab einen erstickten Laut von sich, wie Lachen und Husten in einem.

»Setz dich.«

Ich setzte mich ihr gegenüber an den Tisch. »Ich weiß, dass du noch nicht verstehst, warum manche Dinge so sind, wie sie sind«, sagte Mama. »Dafür bist du einfach noch nicht lange genug auf der Welt. Aber *ich* weiß es. Ich weiß, was am besten ist. Ich weiß, was gut für dich ist.«

Mama langte über den Tisch und berührte meinen Handrücken. Vor lauter Glück über die Berührung vergaß ich einen Augenblick lang fast meine Lage.

»Aber eins musst du verstehen: Pastor Neely ist nicht Gott«, sagte sie. »Er ist ein Freund von mir. Deshalb kommt er hierher.« In ihrer Stimme war etwas Weiches, das zu ihrer Berührung passte und meine Angst dämpfte. Auch als sie fortfuhr: »Aber das geht niemand außer mir was an«, klang noch ein Rest Weichheit durch. Ich wünschte mir, diese weichere Seite würde öfter zum Vorschein kommen.

»Hast du mich verstanden?«

Das hatte ich nicht. Nicht vollständig. Aber immerhin begriff ich, dass ich zum Schweigen verpflichtet wurde. »Ja, Ma'am«, sagte ich.

Schweigen war für mich kein Problem. Wem hätte ich es auch erzählen sollen? Und wen hätte es überhaupt interessiert? Außerhalb der Schulzeit durfte ich mich mit keinen Klassenkameraden treffen, dadurch war ich in jeder Gruppe von Mädchen, bei denen ich vielleicht irgendeine Chance gehabt hätte, von vornherein die Außenseiterin. Arm waren wir auf unserer Seite der Stadt eigentlich alle. Aber dank meinen immer zu kleinen oder zu großen Kleidern und ausgelatschten Schuhen von der Wohlfahrt landeten die anderen Mädchen nie auf dem letzten Platz unserer Schul-Hackordnung.

Denn auch wenn diese anderen Mädchen (Latasha Wilson ausgenommen) kaum besser dastanden als ich, war ihr Haar doch fast immer zu wunderbar gleichmäßigen, schön geölten Zöpfchen mit Spangen darin frisiert. Diesen Bonus des Sauber-und-adrett-Seins hatte ich nie auf meiner Seite, was spätestens dann unübersehbar war, wenn ich wieder einmal auf dem Stuhl vor dem Badezimmerspiegel stand und mein dickes, widerspenstiges Haargestrüpp zu einem Knoten oben auf meinem Kopf zusammenzudrehen versuchte. Mama sagte immer, bei so was sei sie hoffnungslos unbegabt – sie selbst hatte lose fallende Locken, die nicht gezähmt werden mussten –, und war heilfroh, als ich es schließlich allein konnte.

Richtige Freundinnen, denen ich etwas von Pastor

Neely hätte verraten können, gab es also nicht. Und mich in irgendeiner Angelegenheit – und erst recht in Angelegenheiten meiner Mutter – einem Erwachsenen anzuvertrauen? Bei dem bloßen Gedanken fuhr mein Magen schon Achterbahn.

Aber selbst wenn meine Mutter mir nicht Geheimhaltung auferlegt hätte: Was ich an einem Montag, als ich zehn war, erlebte, hätte ich garantiert niemandem erzählt.

An einem heißen Tag Ende Mai ging ich von der Bushaltestelle nach Hause. Uns war wieder einmal der Strom abgestellt worden, und sämtliche Fenster in unserem Haus standen offen, um Durchzug zu schaffen. Als ich mich dem Haus näherte, kam einer dieser ersehnten Windzüge auf, packte unsere Schlafzimmervorhänge und hob sie in die Höhe, sodass ich Pastor Neelys fetten nackten Hintern sehen konnte, mit dem er meine Mutter gegen unseren Frisiertisch drängte und stoßende Bewegungen vollführte.

Die Vorhänge setzten ihren Tanz in der Luft fort, als ich zur Haustür ging, und ich sah noch mehr von Pastor Neely. Ich sah ihn die Finger in die Hüften meiner Mutter graben, diese dicken Wurstfinger, triefend, so stellte ich mir vor, von klebrigem Pfirsichsaft, der zäh am Körper meiner Mutter hinabrann, und ich hasste ihn. Das hier war Sex, dieses »es«, über das die Mädchen in der Schule hinter vorgehaltener Hand kicherten.

Eine Woche später bekam ich zum ersten Mal meine Tage, für meine Mutter kein geringerer Schock als für mich. Ich begriff nicht, was da passierte, und von meiner

Mutter hörte ich erst einmal nur: »Du bist zu jung, du bist zu jung …« Ihr entgeistertes Gesicht und die unförmige Binde zwischen meinen Beinen fühlten sich beide gleichermaßen wie eine Strafe an.

Als ich elf wurde, war ich mit Pickeln übersät und hatte Körbchengröße 80D. Meiner Mutter war mein Busen peinlicher als mir; ständig hielt sie mich dazu an, ihn zu verstecken, als ob das möglich gewesen wäre. Ich merkte, wie sie noch mehr auf Abstand ging als ohnehin schon, also kam ich ihr zuvor: Ich zog aus dem Schlafzimmer aus, reklamierte das Wohnzimmer für mich und schlief von da an auf der Couch.

Als ich beschloss, nicht mehr mit in die Kirche zu kommen, insistierte meine Mutter nicht.

Nachts aß ich zwar keinen Pfirsich-Cobbler aus dem Mülleimer mehr, aber mein Hunger danach nahm nicht ab. Ich schaute meiner Mutter weiterhin beim Backen zu, um bloß nicht zu vergessen, wie es ging. Vielleicht konnte ich ja meinen eigenen backen. Einmal fragte ich sie, ob sie ein paar Pfirsiche mehr kaufen könnte, damit ich auch einen Cobbler backen konnte. »Ich werd doch kein Geld zum Fenster rauswerfen, nur damit du mir die Küche einsaust«, war ihre Antwort.

Mit vierzehn nahm ich einen Job in einem Schuhladen in der Mall an. Dann würde ich mir meine blöden Pfirsiche eben selber kaufen.

Ich machte meine Cobbler freitagabends, wenn meine Mutter sich mit ihrer Flasche Tanqueray im Schlafzimmer verkroch und ich die Küche für mich hatte. Ich hielt mich strikt an jeden Arbeitsschritt, jede Zutat, und so schmeckte mein Cobbler so gut wie der meiner Mutter, oder sogar noch besser, weil ich ihn jetzt von einem Teller aß statt mit den Fingern. Das ganze Wochenende durch aß ich zu jeder Mahlzeit Pfirsich-Cobbler, bis er alle war. Dann weichte ich die leere Form in der Spüle ein, zog meine Hände durch das warme Wasser: Sie hatten ihr eigenes Wunderwerk geschaffen.

Nur ein einziges Mal bekam ich von meiner Mutter eine Reaktion auf meine Backerei. An einem Freitagabend kam sie aus ihrem Zimmer und blieb in der Küchentür stehen, in einem übergroßen Flanellhemd, Gin in der Hand, und beobachtete mich. Der Alkohol machte sie langsamer und absichtsvoller, weicher und irgendwie noch schöner als sonst. Ihr Haar steckte nicht in seinem üblichen Knoten, sondern fiel ihr über die Schultern. Sie war Mitte dreißig, aber sie sah aus wie ein Mädchen, wie eine lebensgroße Puppe.

»Du denkst wohl, du hast den Durchblick? Hältst dich für ach so schlau? Schlauer als irgendwer sonst.«

Ich wandte mich ab und rührte weiter meinen Teig.

Meine Mutter kam auf mich zu, so nah, dass ich den Gin in ihrem Atem roch. »Man kann bücherschlau sein, und man kann *lebens*schlau sein«, sagte sie. »Wenn du lebensschlau wärst, dann würdest du es nicht drauf anlegen, so zu werden wie ich.«

Ich malte mir aus, wie ich Pastor Neely aufforderte, meinen Cobbler zu probieren. Aber abgesehen von einem unbehaglichen Hallo sagten wir nie ein Wort zueinander. Wenn ich bei seiner Ankunft in der Küche saß, stand ich auf und ging ins Wohnzimmer. Dennoch träumte ich davon, dass er meinen Cobbler kostete und mir sagte, er sei noch besser als der meiner Mutter – der beste der Welt. Ich träumte auch davon, eine mit zerstoßenem Glas versetzte Portion vor ihn hinzustellen und zuzuschauen, wie er sich in Qualen auf dem Boden wälzte. Noch viel mehr wollte ich allerdings, dass meine Mutter wusste, was für gute Cobbler ich machte, und stolz auf mich war. Und am meisten wollte ich einfach meine Mutter.

In der Elften wurde es mir zu anstrengend, immer Nein zu sagen, also gab ich nach. Aber von den Jungs, mit denen ich in dem Park hinter der Schule rummachte, verdiente keiner meinen Pfirsich-Cobbler. Sie wollten vor allem meinen Busen befummeln, und ich wollte vor allem berührt werden.

An einem Montagabend in meinem vorletzten Schuljahr, Mitte Januar, kam meine Mutter, nachdem Pastor Neely gegangen war, zu mir ins Wohnzimmer. Ich bekam ein flaues Gefühl in der Brust. Mir wäre es viel lieber gewesen, wir hätten es gemacht wie sonst auch, wenn ich ihr nach seinem Aufbruch nicht ins Gesicht sehen konnte und auch sie meine Nähe mied. Aber an diesem Abend setzte sie sich zu mir auf die Couch und gab mir einen Zettel.

»Das ist die Adresse von den Neelys. Sie erwarten dich am Dienstag gleich nach der Schule. Zur Nachhilfe. Trevor tut sich in Mathematik schwer«, sagte sie. »Ich hab ihm erzählt, dass du überall in den Fortgeschrittenenkursen bist und lauter Einsen schreibst. Er wird ihr sagen, die Schule hätte dich als Nachhilfelehrerin empfohlen.«

Ihm. Und *ihr.* Sprich, Pastor Neelys Name und der seiner Frau würden bei uns nicht genannt werden.

Aber natürlich wurde sehr vieles bei uns nicht beim Namen genannt.

Ich würde den Mund halten, wie es von mir erwartet wurde. Wie es immerzu von mir erwartet wurde.

Dieser erste Dienstag, als First Lady Neely die Tür ihrer klotzigen Villa schon aufriss, bevor ich klingeln konnte, war der Tag, an dem mir klar wurde, dass sie schwarz war und nicht weiß. Von Nahem konnte ich ihre vollen Lippen und die breite Nase sehen. Und ihr geglättetes Haar in dem lockeren Pferdeschwanz, bei dem schon bald wieder die nächste Runde Chemie fällig sein würde.

»Hallo, Olivia! Ich bin Marilyn Neely«, sagte sie und zog mich in die Diele. »Aber du kannst Miz Marilyn zu mir sagen. Du hast hoffentlich nichts dagegen«, sie wickelte ihre knochigen Arme um mich, »aber bei mir wird umarmt.«

Die Erkenntnis, dass sie nicht die weiße Ice Queen war, als die ich sie von früher im Gedächtnis hatte, machte meine Schuldgefühle, in ihrem Haus zu sein, nur noch größer. Es kostete mich einige Willensanstrengung, bei ihrer Berührung nicht zu erstarren, mir zu sagen, dass ich nichts Unrechtes getan hatte, dass nicht ich es war, die sie betrog. Ich erwiderte ihre Umarmung vorsichtig und spürte ihre spitzen Schulterblätter. Ich kam mir monströs gegen sie vor, so als könnte ich ihre Knochen mit einem einzigen festen Zudrücken zermalmen. Mit einer einzigen brutalen Wahrheit.

Mir wurde leicht schwindlig bei der Vorstellung solcher Macht. Vor meinem inneren Auge sah ich Pastor Neelys nackten Hintern, ich sah meine Mutter. *Was, wenn diese Frau meine Gedanken lesen kann?* Ich schwankte und verlor fast das Gleichgewicht.

»Alles in Ordnung mit dir, Kindchen?« Miz Marilyn packte meine Schultern. Ihr Griff war erstaunlich kraftvoll. An ihren Händen funkelten je drei riesige Brillantringe.

Sie führte mich zu einem kleinen Polstersofa, das in der Diele stand. »Dieser Diwan ist schon seit fünfzig Jahren in meiner Familie«, sagte sie. »Mein Papa sagte immer, *Diwan* wäre Persisch für ›überflüssiges Möbel‹.«

Sie lachte über ihren eigenen Witz, und ich versuchte zu lächeln, aber meine Lippen gehorchten mir so wenig wie der Rest meines Körpers. »Alles gut«, sagte ich. »Ich fühle mich nur ein bisschen schwach. Ich hab heute das Mittagessen ausfallen lassen.« Das war nicht einmal gelogen. Ich ließ das Mittagessen fast immer ausfallen, weil das Essen in der Cafeteria unterirdisch war und ich die Gesellschaft von Büchern der meiner Altersgenossen vorzog.

Miz Marilyn klatschte in die Hände. »Dann komm gleich mit ins Esszimmer. Ich habe euch einen schönen

Imbiss hergerichtet, und du und Trevor könnt am Esstisch arbeiten. *Trevor!*«, rief sie die Treppe hinauf.

Trevor Neely war ein Football-Ass. Er ging in die oberste Klasse der Woodbury Academy, einer der hiesigen Privatschulen, und hatte seinen College-Platz quasi schon in der Tasche. Er war hellhäutig, groß und schlank wie seine Mutter, und bei den Mädchen in seiner Schule zweifellos heiß begehrt. Jetzt bei einem Mädchen Nachhilfe zu haben, noch dazu einem, das eine Klasse unter ihm war, passte ihm bestimmt nicht in den Kram. Aber wenn er damit ein Problem hatte, überspielte er es gut.

Seine Mutter machte uns miteinander bekannt und ließ uns dann allein. Kaum hatte sie die beiden Schiebetüren hinter sich zugezogen, starrte Trevor unverhohlen auf meine Brust. Seine grauen Augen funkelten selbstbewusst.

Ich nahm mir ein Sandwich mit Geflügelsalat von dem Tablett, das Miz Marilyn uns hingestellt hatte. Zwischen den Bissen sagte ich: »Okay, dann zeig mir doch mal, was ihr in Algebra gerade macht.«

Aber Trevor schaute nur weiter auf meine Brust, dann in meine Augen, dann wieder auf meine Brust.

»Ja«, sagte ich ihm, »ich habe einen großen Busen. Mords-Titten. Fette Möpse. Riesenhupen. Und ja, du siehst sehr süß aus, aber bei mir ziehen schöne Augen nicht. Also hör auf mit der Tour und lass uns arbeiten.«

Trevor lachte. Seine Zähne waren natürlich perfekt. »Ganz schön cool«, sagte er. »Ganz schön cool.«

Er zeigte mir seine letzte Klausur, in der er eine Vier bekommen hatte. Wir verbrachten eine gute halbe Stunde damit, seine Fehler durchzugehen, dann fand er, dass es Zeit für eine Pause war. Wir aßen Sandwiches und tranken Cola. Wenn Trevor jetzt zu mir sah, ertappte ich mich dabei, dass ich wegschaute. Er war wirklich süß.

»Hast du dieses neue Fat-Boys-Video gesehen? Mit den Beach Boys?«

»*Wipeout*, meinst du?«

»*Wipeout*, genau. Das ist der Hammer«, sagte er lachend.

»Ich hab den Song im Radio gehört, aber das Video kenne ich nicht.«

»Was? Das spielen sie doch bei MTV rauf und runter.«

»Ich hab kein Kabel.«

»Du hast kein Kabel?«

Ich zuckte die Achseln.

»Die *Bill Cosby Show* schaust du aber?«

»Klar. Aber weißt du, wer mich da echt nervt? Vanessa. Die ist eine dermaßene Zicke.«

»Bei Vanessa bin ich jedes Mal froh, dass ich Einzelkind bin.«

»Ich auch. Wobei ich nichts gegen Denise hätte. Denise ist cool.«

»Die ist meeega. Als Schwester würde ich sie aber nicht wollen. Das wär ja dann illegal.«

Wir kicherten beide und verstummten dann. Meine Hand auf dem Esstisch lag ganz nah an seiner. Er hatte keine Wurstfinger wie sein Vater. Seine waren lang und schmal, und ich überlegte, wie sie sich in mir anfühlen würden – wie *er* sich in mir anfühlen würde. Wie es wohl wäre, mit ihm aufs Ganze zu gehen. Das hatte ich noch mit keinem gemacht. Ich sah es vor mir, Trevor und mich, wie wir uns nackt und ineinander verschlungen auf dem Esstisch wälzten, direkt unter dem Kristalllüster seiner Mutter. Erneut wurde mir flau zumute, diesmal in der Magengrube. *Rasend vor Lust.* Die Worte formten sich in meinem Kopf, schwarz, ölig glänzend; sie kamen aus dem Schundroman, den ich mir in der Woche zuvor im Supermarkt geholt hatte.

Doch, jetzt begriff ich, dass die Lust über einem zusammenschlagen konnte wie Wellen, dass sie so anschwellen konnte, dass man darin ertrank.

Ich schloss die Augen, verscheuchte die Phantasien und kämpfte mich zurück an die Oberfläche.

Als ich an dem Abend heimkam, ließ ich das Kuvert mit dem Geld, das Miz Marilyn mir gegeben hatte, auf die Arbeitsfläche neben der Spüle fallen, wo meine Mutter stand und abwusch, und ging weiter in Richtung Wohnzimmer.

»Wie war's?«, rief meine Mutter mir nach.

Ich blieb stehen, ohne mich zu ihr umzudrehen. *Wie war's? Wie war's?* Wollte sie das ernsthaft wissen? *Tja, wie es halt ist, wenn du die Frau und den Sohn des Predigers triffst, den deine Mutter einmal pro Woche fickt.*

»Schon okay«, sagte ich, immer noch mit dem Rücken zu ihr.

»Sonst nichts? Einfach ›okay‹?«

»Ja, Ma'am.«

»Da. Nimm das wieder. Das gehört dir.«

Ich drehte mich um. Meine Mutter hielt mir das Kuvert hin.

»Nein, Ma'am. Ich will es nicht.«

»Nimm«, sagte sie. Sie schüttelte das Kuvert. Ich seufzte und nahm es.

»Setz dich.« Ich setzte mich an den Tisch, und meine Mutter setzte sich mir gegenüber. »Erzähl doch. Wie ist das Haus?«

»Äh ... groß. Mit vielen alten, teuren Möbeln.«

Meine Mutter runzelte die Stirn. »Und sonst? Wie war *sie*?«

»Wie, wie war sie?«

»Nicht in diesem Ton, ja? Werd jetzt nicht unverschämt!«

»Ich bin nicht unverschämt. Ich weiß ... ich weiß nur nicht, was du hören willst.« Ich zuckte die Achseln. Ich empfand eine seltsame Verbundenheit mit Miz Marilyn und Trevor. Keiner von uns hatte sich diese Situation ausgesucht.

»Sie war nett.«

»Und ...?«

»Und ... keine Ahnung. Sie ist gar nicht weiß.«

»Du dachtest, sie wäre weiß?« Meine Mutter lachte laut und kehlig. »Nein, sie ist einfach nur hell. So schwarz, wie er ist, muss es für ihn natürlich eine möglichst hellhäutige Frau sein.« Meine Mutter war nur ein, zwei Nuancen dunkler als Miz Marilyn. Ich war dunkler als meine Mutter, wenn auch nicht so dunkel wie Pastor Neely. Zum dritten Mal an diesem Tag wurde mir flau im Magen: War am Ende Pastor Neely mein Vater? Meine Mutter sagte über meinen Vater immer nur, er sei jemand, den ich lieber nicht kennenlernen wollte.

Als hätte sie meine Gedanken gelesen, sagte meine Mutter: »Genau wie dein Daddy. Selber schwarz wie die Nacht, aber permanent hinter den Hellhäutigen und Weißen her.«

»Darf ich jetzt gehen?«

Meine Mutter machte ein enttäuschtes Gesicht. »Ich hab dir ein Essen in den Ofen getan.«

»Danke, aber ich habe keinen Hunger.«

»Hast du dort schon gegessen?«

»Nur Sandwiches.«

»Was für welche?«

Ich musste mir auf die Zunge beißen. Nahm sie mich jetzt etwa auch noch wegen diesen Scheißsandwiches ins Verhör? Ich wollte endlich unter die Dusche. »Geflügelsalat.«

»Mit was dazu?«

»Cola.«

»Und das war alles? Tss ...«

»Ja, das war alles«, sagte ich. »Darf ich jetzt bitte gehen?«

Meine Mutter wedelte ungeduldig mit der Hand.

Später an diesem Abend und an vielen anderen Abenden während der Monate, in denen ich Trevor Nachhilfe gab, kreisten meine Träumereien um ihn. Ich hatte ein, zwei von den Jungs, mit denen ich rumgemacht hatte, ziemlich gemocht, ein paar andere hatte ich von etwas weiter weg nett gefunden. Aber Trevor war der Erste, in den ich ernstlich verknallt war. Diese großen, wissbegierigen Augen, die knubbelige Nasenspitze, die vollen Lippen. Sein Mund schien ständig zum Lächeln oder Lachen bereit. Ich wollte ihn küssen. Jeder Dienstag versprach eine neue Gelegenheit, ihn zu küssen. So, wie er immer wieder zu mir hersah, war ich mir sicher, dass es ihm genauso ging. Aber ich erlaubte mir nicht mehr, als das Gemisch aus Pomade, Seife und Schweiß einzuatmen, das seine Haut verströmte, wenn wir uns zusammen über sein Matheheft beugten. Die wenigen Male, die ich seinen Blick für mehr als eine Sekunde erwiderte, lächelte Trevor zufrieden. Dann durchflutete mich eine Mischung aus Verlangen und irrationalen Gewissensbissen. Trevor hätte mir keine Vorwürfe machen können für das, was meine Mutter und sein Vater miteinander trieben. Doch auch wenn er es von mir ganz bestimmt nicht erfahren würde: dass ich es wusste und er nicht, fühlte sich genauso verkehrt an. Aber was sollte ich machen?

All das festigte mein Bild von Gott als einem sadistischen Puppenspieler, der seine Marionetten zucken und zappeln ließ und sich an den Tragödien weidete, in die sie verstrickt waren.

Sosehr es zwischen uns auch knisterte, kehrten Trevor und ich doch immer wieder zurück zu unserer Arbeit, dem eigentlichen Grund für meine Anwesenheit. Eine gute Note in Mathe: das war sein Ziel, und meins war es auch. Ich wollte, dass er seinen Abschluss bekam, damit ich seine Mutter nicht mehr jede Woche umarmen musste wie ein zweiter Judas und damit aufhören konnte, meine Mutter mit Berichten von Truthahnsandwiches, dreistöckigen Burgern und Würstchen im Teigmantel zu quälen. Trotzdem würden mir die Nachmittage mit ihm fehlen, Schuldgefühle hin oder her.

Die ersten vier Dienstage blieb mir ein Zusammentreffen mit Pastor Neely erspart. Aber am fünften Dienstag klingelte ich, und er machte auf. Ich wich einen Schritt zurück. Mein Mund wurde trocken, ich konnte sein Hallo nicht erwidern.

Pastor Neely lächelte breit und streckte mir die Hand auf die gleiche Art hin, wie er sie den Gemeindemitgliedern bei der Liebesgabe hinstreckte. Ich sah hinab auf diese dicken Wurstfinger, und mir zog sich der Magen zusammen. Er ließ die Hand sinken und das Grinsen sein, aber sein Ton klang munter. »Hereinspaziert. Olivia … richtig?«

»Ja, Sir.«

Ich machte einen Schritt in die Diele, blieb aber dicht bei der Tür stehen und stellte mir den GAU für den Fall vor, dass ich mich einfach umdrehte und davonrannte. Trevor kam in großen Sätzen die Treppe herunter, erstarrte auf der untersten Stufe und sah seinen Vater aus zusammengekniffenen Augen an. »Wo ist Mom?«

»Sie ist zu deiner Tante Catherine gefahren. Ihr geht es in letzter Zeit nicht so gut.«

»Ah«, sagte Trevor. Er stand wie festgewachsen auf dieser Stufe.

»Also dann, macht, was immer ihr macht, wenn deine Mutter hier ist«, sagte Pastor Neely zu Trevor. »Ich bin unten im Arbeitszimmer.«

Trevor wartete, bis sein Vater verschwunden war, ehe er von der Treppe herunterkam.

»Jetzt komm erst mal richtig rein«, sagte er. »Du stehst da, als ob du auf der Flucht wärst. Alles in Ordnung?«

»Klar«, sagte ich. »Wieso nicht?«

»Mein Dad kann manchmal sehr einschüchternd wirken. Du siehst ganz verschreckt aus.«

Ich brachte ein Lachen zustande, von dem ich nur hoffen konnte, dass es echt klang. »Ich? Verschreckt? Also bitte! Wenn jemand verschreckt geschaut hat, dann du.«

Trevor errötete leicht und sah zu Boden. »Ich war nur überrascht, weil er sonst nie so früh heimkommt. Das ist alles.« Ich nahm es ihm nicht ab. Aber dann sah er mich mit diesem Lächeln an, also ließ ich es gut sein.

Miz Marilyn hatte uns überbackene Käsetoasts gemacht, die in Folie gewickelt auf dem Esstisch warteten.

Trevor nahm einen großen Bissen. »Meine Mutter hat's nicht so mit dem Kochen, aber überbackenen Käsetoast kann sie echt gut.«

Ich probierte auch. Der Toast war buttrig und köstlich. »Schmeckt wirklich klas–«, setzte ich an, aber da war Trevor schon bei mir, presste die Lippen auf meine und drückte mich mit seinem Körper gegen die Tischkante.

Ich schluckte die Toastreste in meinem Mund herunter, bevor ich seinen Kuss erwiderte. Er schob die Hände unter mein Hemd, über meine Brüste. Ich stöhnte und suchte auf der Tischplatte hinter mir Halt.

Trevor versuchte, meinen BH aufzuhaken. »Nein!«, flüsterte ich. »Das können wir nicht machen. Dein Dad …«

»… ist in seinem Arbeitszimmer.«

»Schon, aber …«

Trevor nahm beide Handflächen hoch und trat zurück. »Du hast wahrscheinlich recht.«

Ich atmete auf, schließlich hätte er ja auch sauer sein können, aber zugleich jubelte ich innerlich, und meine Gedanken spulten schon zurück zu dem Kuss.

»Und jetzt soll ich mit geschwollenen Eiern dasitzen und polynomische Gleichungen lösen?« Trevor watschelte demonstrativ breitbeinig zu seinem Stuhl.

»Mann, bist du albern«, sagte ich.

Von da an begannen wir jede Nachhilfestunde mit einer kurzen Knutscheinlage. Wenn Miz Marilyn uns kontrollieren kam, dann bestimmt nicht während dieser allerersten Minuten. Seltsamerweise machte mein Herumgeknutsche mit Trevor meine Schuldgefühle ihm und Miz Marilyn gegenüber eher kleiner. Wenigstens ein paar Minuten lang konnte ich unsere Eltern vergessen und einfach ein Mädchen sein, das einen Jungen küsst, den es mag. Nichts weiter.

Ende April wurde Miz Marilyn sechzig. »Ich habe Geburtstag!«, verkündete sie gleich als Erstes, als sie mir öffnete.

Ich gratulierte ihr.

»Sechzig bin ich heute geworden. Kein Küken mehr!«, sagte sie mit einem glucksenden kleinen Lachen. »Trevor war mein Himmelsgeschenk, weißt du, mein Klimakteriums-Baby ...« Trevor war in die Diele gekommen, machte aber bei diesen Worten auf dem Absatz kehrt. Miz Marilyn fing ihn ein und zog ihn an sich.

»Ich dachte schon, der Herrgott will nicht, dass ich in diesem Leben Mutter werde, aber dann hat er mir einen bildschönen Sohn geschenkt, als ich dreiundvierzig war!« Und sie schlang beide Arme um Trevor.

»Ach, komm, Ma, lass das doch.« Trevor wand sich los. »Ich muss Mathe machen.«

»Ist ja gut, ist ja gut«, sagte Miz Marilyn. »Dann lass ich euch zwei *Mathematiker* mal an die Arbeit gehen.«

Im Esszimmer versuchte Trevor mich zu küssen. »Nein!«, zischte ich und stieß ihn weg. Ich wandte mich ab, um mir die Tränen aus den Augen zu wischen.

»Oh-oh«, sagte er. »Hast du deine Tage, oder was?«

»Das ist nicht witzig.«

Trevor schüttelte den Kopf. Wir setzten uns hin und sprachen seine Fehler bei der letzten Kurzarbeit durch. Dann nahm er sich seine Hausaufgaben vor und fragte nur nach, wenn er an einer Stelle nicht weiterkam. Nach einer Weile begann ich, meine Sachen zusammenzupacken.

»Was machst du denn?« Trevor sah auf die Uhr. »Wir haben noch eine Viertelstunde.«

»Bist du jetzt unter die Sekundenzähler gegangen?«, fuhr ich ihn an.

»Nein, ich wollte nur ...« Trevor wirkte regelrecht kleinlaut. »Ich hatte nur grade was zur Nummer sechs fragen wollen.«

Ich seufzte, stellte meine Tasche ab und setzte mich wieder hin. »Hör mal«, sagte ich. »Wenn deine Mutter dich umarmen will, lass sie. Sei kein solches Arschloch.«

Als ich eine Woche später klingelte, machte mir Trevor auf. Er trug ein Public-Enemy-T-Shirt und dazu Basketballshorts. Wie hätte ich da noch wütend auf ihn sein sollen?

Ich trat durch die Tür. »Wo ist Miz Marilyn?«

»Sie und mein Dad sind auf dem Weg ins Krankenhaus. Meiner Tante geht es ziemlich schlecht.« Seine Stimme schwankte ein bisschen, und er versuchte es mit einem Hüsteln zu kaschieren.

»Ach je. Hoffentlich fühlt sie sich bald wieder besser.«

»Weiß nicht«, sagte Trevor. »Mom meinte vorhin zu meinem Dad, es sieht nicht gut aus. Ihr Herz macht's irgendwie nicht mehr. Jetzt bilden sie einen Gebetskreis um sie. Als ob sie davon etwas hätte.«

»Glaubst du nicht ans Beten?«

Trevor sah mich an. »Ich bin ein PK, wie sollte ich da nicht ans Beten glauben?« Seine Stimme troff von Sarkasmus.

»Was ist ein PK?«

»Pfarrerskind. Ich dachte, das weiß jeder.«

»Tja, da lagst du falsch.«

Wir standen da und starrten einander an.

»Ich hab das noch nie jemandem gesagt«, sagte ich, »aber ich glaube auch nicht an Gebete.«

Trevor lächelte dieses halbe Lächeln und schüttelte den Kopf. »Du hast bestimmt so einige Geheimnisse.«

»Geheimnisse sind bei mir gut aufgehoben.«

Trevor griff nach meiner Hand, und ich ließ sie ihn nehmen.

Oben in seinem Zimmer legte Trevor eine Kassette in seinen Ghettoblaster ein und drückte auf PLAY. »Make It Last Forever«, sang Keith Sweat, während wir uns küssten und gegenseitig auszogen.

»Wow«, sagte Trevor, als er mich ohne BH und Unterhose sah. Seine Hände waren sofort überall. Dieses eine Mal machte es mich nicht verlegen oder wütend. Es gab mir ein Gefühl der Macht.

Ich schubste ihn rückwärts aufs Bett, setzte mich auf ihn und ließ meine Brüste gegen sein Gesicht wippen.

»Hast du's schon mal gemacht?«, fragte er.

»Nein. Du?«

Er zögerte einen Takt zu lang. Also nein. Ob er es nun zugab oder nicht.

Er gab es zu. Und dann versuchten wir zusammen, das Kondom überzuziehen.

Trevor schloss die Augen, als er sich über mich schob. Ich fragte mich, woran er wohl dachte. Ich versuchte, nicht an seinen Vater und meine Mutter zu denken. Der stechende Schmerz, als er in mich eindrang, jagte mir Tränen in die Augen. Frischer Schmerz, alte Verletzungen, alles floss in diesen Tränen zusammen.

»Soll ich aufhören?«, fragte Trevor, ohne innezuhalten.

Nein, ich wollte nicht, dass er aufhörte.

Als es vorbei war, mussten wir zusehen, wie wir das Kondom heil wieder herunterbekamen. Meine Angst vor dem Schwangerwerden, all die Wenns und Abers, die ich für diese kurze Zeit hatte ausblenden können, brachen nun geballt über mich herein. Meine Mutter würde mich umbringen. Und Miz Marilyn ... Ich mochte mir gar nicht ausdenken, wie schockiert und enttäuscht sie wäre. Falls Trevor ähnliche Gedanken zusetzten, war ihm davon nichts anzumerken. Er klopfte nur das Kissen hinter unseren Köpfen zurecht, lehnte sich zurück und lächelte mich an.

Ich stützte mich auf einen Ellbogen. »Sollten wir nicht besser runtergehen? Deine Eltern können jeden Augenblick zurückkommen.«

»Die werden Stunden beten. Glaub mir.«

Also bettete ich meinen Kopf neben seinen und starrte hoch zur Decke. »Und jetzt?«

»Hat es dir nicht gefallen?«

»Das ist es nicht ... ich weiß nicht. Es ist komisch. Wie kann sich etwas so richtig und gleichzeitig so falsch anfühlen?«

»Mein Vater würde sagen, was wir miteinander gemacht haben, war unrecht, sündig. Ein Akt der Unzucht.«

»Und glaubst du das?«

Er zuckte die Achseln.

»Glaubst du an Gott?«

Erneutes Achselzucken.

»Viele Jahre lang«, sagte ich, »dachte ich, dein Vater wäre Gott.«

»Das Gefühl kenne ich.«

Und dann griff Trevor mit einer Hand nach mir und mit der anderen nach einem neuen Kondom.

Wenige Tage darauf starb Miz Marilyns Schwester. Als ich das nächste Mal zur Nachhilfe kam, brachte ich Miz Marilyn einen selbst gebackenen Pfirsich-Cobbler mit. Ich hatte gehofft, Pastor Neely würde nicht da sein, und so wie es aussah, hatte ich Glück. Es war unsere letzte Nachhilfestunde; Trevors Prüfungen standen an, dann die Abschlussfeier, und danach würde er am Morehouse College in Atlanta studieren.

»Das mit Ihrer Schwester tut mir sehr leid«, sagte ich.

»Danke, Liebes«, sagte Miz Marilyn. »Jetzt ist sie von ihren Leiden erlöst.«

Miz Marilyns Augen waren rotgeweint. Es war das erste Mal, dass ich ihr Gesicht ohne die viele Schminke sah, und ihre Haare waren offen und ziemlich buschig. Aber sie klatschte in die Hände, als ich ihr den Cobbler hinhielt. »Nein, so was! Der sieht ja fast zu gut zum Aufessen aus. Aber nur fast! *Trevor!*«

Während sich Miz Marilyn über den Cobbler ausließ und über die leckeren Apfel-Cobbler, die ihre Schwester immer gebacken hatte, »Friede ihrer Seele«, bemerkte ich ein neues gerahmtes Foto auf dem Dielentisch. Es zeigte Trevor im Smoking, den Arm um ein hübsches, hellhäutiges Mädchen in einem meergrünen Ballkleid gelegt. Ihr Make-up war makellos, ihr Haar zu schimmernden Ringellocken frisiert. Sie sahen aus wie das Brautpaar auf einer Hochzeitstorte, so aufrecht und steif.

»... unser gutes Porzellan, und dazu natürlich das Silberbesteck. Für ein Festmahl braucht es auch Festtagsgeschirr. Sind Trevor und Monica nicht ein hübsches Paar?«, fragte Miz Marilyn, als sie mich auf das Bild starren sah. »Das Foto haben sie bei ihr im Garten geknipst. Die Caldwells haben eine wunderschöne Villa oben in Hillcrest. Der perfekte Hintergrund.«

Ein Mädchen von der Woodbury Academy mit einem Haus in Hillcrest. Deren Mutter nicht seit über zehn Jahren seinen Vater vögelte.

»Ja«, sagte ich. »Wirklich perfekt.«

Im Esszimmer bekam ich kaum etwas herunter, aber Miz Marilyn und Trevor schmeckte es umso besser. Sie sagten beide, so einen köstlichen Cobbler hätten sie noch nie gegessen. Miz Marilyn schloss bei jedem Bissen andächtig die Augen. Ich versuchte, mich an all dieser

Herzlichkeit zu freuen, aber ich verdiente sie nicht. Ich verdiente es nicht, hier zu sein und Miz Marilyns untadeliges Haus zu beflecken. Trevor aß seinen Teller leer, schob ihn dann zur Seite und machte sich über die Auflaufform her. Am liebsten hätte ich ihm meine Gabel in die Hand gerammt.

Zwischendurch blickte er immer wieder verstohlen in meine Richtung. Als Miz Marilyn uns mit unseren Mathesachen allein ließ und ich seine Hausaufgaben sehen wollte, fiel er mir ins Wort. »Alles okay?«

»Das kann dir doch egal sein.«

»Hä? Bist du schwanger, oder was?«

»Was? Nein!«, sagte ich etwas zu laut.

»Aber …?«

»Nichts. Können wir jetzt bitte einfach deine Hausaufgaben durchsehen?«

»Und du willst mir gar nicht sagen, was los ist?«

Was war los? Was erwartete ich? Dass er mich mit auf den Abschlussball nahm, nur weil wir miteinander im Bett waren? Er hatte mir nicht erzählt, dass er eine Freundin hatte, aber ich hatte ihn auch nie danach gefragt. Was schuldete er mir? Was schuldete mir irgendwer?

»Ich wusste nicht, dass du eine Freundin hast.«

»Ach so«, sagte Trevor. »Doch.«

Doch? Das war alles? Doch?

Die nächsten vierzig Minuten kamen mir vor wie ein Jahr. Trevor machte seine Hausaufgaben. Ich kontrollierte sie, und wir gingen seine Fehler durch. Ich sprach so wenig wie nur möglich. Meine Stimme war schwerfällig und dick und fühlte sich an, als gehörte sie jemand anderem.

Als die Stunde um war, nahm ich meine Tasche und stand auf.

»Warte«, sagte Trevor. Er kam zu mir herüber und zog mich an sich.

»Lass mich.« Ich stieß ihn weg.

Trevor zuckte die Achseln. »Na schön. Wenn du's unbedingt so haben willst.«

Wie wollte ich es haben?

Ich wollte meinen Frieden haben vor den Geheimnissen anderer Leute.

»Ja«, sagte ich. »So will ich es haben.«

In der Diele überreichte mir Miz Marilyn meine gespülte Auflaufform und meinen letzten Lohnumschlag. »Mit einer Prämie!«, sagte sie und umarmte mich. Und als ich hinausging, rief sie mir nach: »Komm vorbei und besuch mich, wann immer du willst. Dieser große alte Kasten wird ab dem Herbst ziemlich leer sein.«

»Ja, Ma'am«, sagte ich, obwohl ich bestimmt nicht kommen würde.

Sowie ich auf der Straße und außer Sicht war, rannte ich los. Ich rannte und weinte die ganze Busfahrt durch.

Ich stürmte in unsere Küche, wo meine Mutter gerade Einkäufe auspackte.

»Wie war …?«

»Da!« Ich warf ihr den Umschlag an die Brust. Sie hob die Arme, um ihn abzuwehren, und er fiel ihr vor die Füße.

Ich knallte die leere Blechform auf den Boden und trat sie quer durch die Küche. Sie schepperte gegen den Herdsockel.

»Kind, ich weiß ja nicht, was in dich gefahren ist, aber ...«

»Ich will sein Geld nicht, und ich will ihn nie wieder in diesem Haus sehen!«

Ihr Lachen war trocken, verächtlich. Sie kam zu mir herüber und stellte sich dicht vor mich hin. »Was glaubst du, wessen Geld wir es verdanken, dass wir überhaupt noch hier wohnen? Wann ist uns das letzte Mal der Strom abgedreht worden? Oder das Wasser? Das weißt du gar nicht mehr, stimmt's? Statt aufzuzählen, was du alles nicht willst, solltest du ihm lieber dankbar sein.«

Ich schüttelte den Kopf. »Ihm dankbar sein, dass er seine Frau betrügt und mich seiner Familie untergejubelt hat? Vergiss es!«, sagte ich. »Und bei dir soll ich mich wahrscheinlich auch bedanken, dass du ihn diese ganzen Jahre gefickt hast, nur damit ich ein Dach überm Kopf habe? Ganz ehrlich, da wär ich lieber auf der Straße gesessen!«

Meine Mutter holte aus und schlug mich ins Gesicht, dass ich taumelte. Ich riss den Arm hoch, um zurückzuschlagen, und sie sah auf meine erhobene Hand. »Schlag mich«, sagte sie. »Schlag zu, so fest du kannst. Und dann mach, dass du aus meinem Haus kommst.«

Ich ballte die Faust. »Warum musstest du mich da mit reinziehen?« Mir liefen die Tränen übers Gesicht. Meine Mutter starrte auf meine hochgereckte Faust. »Schau mich an!«, brüllte ich. Aber sie sah mich nicht an.

»Du hättest auch Nein sagen können«, flüsterte sie.

»Ach ja? Ich erinnere mich nicht, dass ich gefragt worden wäre. Also schieb das jetzt nicht mir in die Schuhe!«

Klatsch, die nächste Ohrfeige. »So redest du nicht mit mir!«

Wieder schwang ich die Faust hoch. »Ich wünsch euch, dass Pastor Neely an deinem nächsten Cobbler erstickt.«

»Sprich nicht so, Olivia! Gott straft den Sünder!«

»Erzähl du mir nichts von Gott. Nie wieder. Wer sündigt denn hier? Das seid doch ihr. Du und Pastor Neely. Ihr stinkt doch vor Sündigkeit.« Ich atmete keuchend, meine Tränen strömten jetzt unaufhaltsam. »Mach dir keine Sorgen mehr, dass ich so werden könnte wie du, Mama. Ich schwör dir, mein Leben wird das Gegenteil von deinem. Weil es ein süßes Leben sein wird, und keins, bei dem ich nur Krümel abkriege!«

Dann ließ ich die Faust sinken. Denn wo hätte ich so lange hingehen sollen?

SCHNEEFALL

Schwarze Frauen sind nicht fürs Schneeschippen gemacht. Das murrt Rhonda, während wir zwei knietief im Schnee waten. Wir haben keine andere Wahl. Wenn es über Nacht stark geschneit hat, heißt das für uns, noch im Dunkeln aufstehen, um uns fertig zu machen, die Einfahrt samt Honda freizuschaufeln, Schadenersatzforderungen verunfallter Passanten vorzubeugen und es trotzdem pünktlich zur Arbeit zu schaffen.

Aber ganz unrecht hat Rhonda nicht. Wir, deren Körper für so vieles gemacht sind, stoßen hier an unsere Grenzen. Keine Handschuhe dieser Welt können unsere Hände warmhalten, während wir Schnee und Eis von rechts nach links schaufeln oder von den Autoscheiben kratzen. Keine Stiefel dieser Welt können unsere Zehen vor dem Taubwerden bewahren. Auch noch so viele Schichten, noch so wasserdichte Hosen reichen nicht, um die Kälte auszusperren. Sie dringt mit dem Atem in uns ein. Und nein, die körperliche Betätigung wärmt uns nicht. Sie macht uns nur bitter.

So ungern wir es zugeben, der Schnee ist schön. Wenn er zart die kahlen Zweige bepudert, wenn er bauschig und wattig und unschuldig daherkommt. Das Problem sind die Strapazen, die er uns abverlangt.

Trotzdem sage ich: »Vielleicht liegt es ja auch an uns«, während ich eine erste Ladung Schnee vom Kofferraum schiebe. »Alle schwarzen Frauen, die in dieser Stadt geboren und aufgewachsen sind ... ja, ich weiß, so viele sind das nicht ... aber die müssen doch mittlerweile daran gewöhnt sein. Das ist unser erster Winter hier. Mit der Zeit wird es sicher ...«

»Man muss nicht alles von zwei Seiten sehen, Arletha«, sagt Rhonda, die an einer Eisplatte am Rand der Einfahrt herumhackt. Arletha nennt sie mich, wenn sie eine Wut auf mich hat; die übrige Zeit, also die meiste, sagt sie Leelee. Die meiste Zeit leben wir in dem Spannungsfeld zwischen meinem Drang, die Dinge zu sezieren, und ihrem Drang, sie mittels eindeutiger Aussagen intakt zu halten.

Momentan allerdings leben wir in den Nachwehen einer weiteren nächtlichen Diskussion, die ganz harmlos begonnen hat. Wir leben in den Nachwehen einer Nacht, in der ich stundenlang an die Decke gestarrt und infolgedessen verschlafen habe, wieder einmal, weshalb die Hauptarbeit beim Schnee- und Eiskratzen, wieder einmal, an Rhonda hängengeblieben ist. Als ich mich das dritte Mal auf die andere Seite gewälzt und Rhonda gebeten habe, mir noch fünf Minuten zu gönnen, kam keine Antwort. Und bis ich richtig wach war, stocherte sie schon mit der Schaufel auf der Eisdecke der Einfahrt herum. Durchs Schlafzimmerfenster sah ich ihr zu: wild schuftend, Beanie tief über den Dreads, die ihr um die Schultern fielen und mit Schneesternen besetzt waren. Ich wusste gar nicht, dass ihre dünnen Arme so vehement zuschlagen können.

Ich fege die letzten Schneehaufen von der Motorhaube und packe meinen Kratzer wieder in den Kofferraum. Rhonda hat das Eis schon fast ganz weggehackt.

Als uns mein Lehrauftrag letzten Sommer hierherführte, war uns zwar klar, dass es im Winter Schnee gab, aber nicht, in welchem Ausmaß er so viele unserer Tage und Nächte bestimmen würde. Mit dem Fahren auf Schnee tun wir uns beide noch schwer, und unsere Uber-Erfahrungen sind ... gemischt, um es mal so zu sagen. Also decken wir uns mit Vorräten ein und versuchen, an den schneefreien Tagen erledigt zu kriegen, was nur geht.

Aber es ist nicht bloß der Schnee. Die Kälte allein reicht uns schon als Grund, uns mit *The Office* und Thai-Lieferservice im Haus zu verschanzen. Bei Minusgraden im Freien zu sein macht uns latent schlecht gelaunt. Beide wollen wir nur eins: möglichst rasch in den nächsten beheizten Raum.

Wir sind an wärmeren Orten geboren und aufgewachsen, in Georgia und Florida. Wärmer auch, was den kolonialen Charme der Weißen angeht, deren Vorfahren unsere Vorfahren gehörten. Im Süden treibt dir das Wetter nicht Tränen in die Augen, sodass sich auf den Gesichtern Fremder auf der Straße für einen Sekundenbruchteil Besorgnis abzeichnet. Das liegt nur am Wind, möchtest du ihnen sagen, aber ein Sekundenbruchteil reicht dafür nicht aus. Im Süden frierst du nie bis auf die Knochen, musst nie eine halbe Stunde eher aufstehen, um die Bescherung zu beseitigen, die der Winter auf deiner Eingangstreppe, deinem Plattenweg, deiner Einfahrt und deinem Auto angerichtet hat, während du schliefst.

Aber im Süden gibt es Hurrikans, heißt es dann. Schon, aber nicht jeden verdammten Tag, nicht ein geschlagenes Vierteljahr lang!

Du erzählst den Leuten, dass du aus den Südstaaten kommst, und neun von zehn sagen darauf: »Dann vermisst du sicher die Sonne.« Ja, Rhonda und ich vermissen die Sonne, wir vermissen es, uns in der Früh einfach ins Auto setzen und zur Arbeit fahren zu können. Aber noch viel mehr vermissen wir das Lachen und die Umarmungen unserer Mütter, Großmütter und diversen Tanten, ob verwandt oder nicht. Wir vermissen die großen Eichentische in ihren Esszimmern, wo wir uns als Kinder in den Siebzigern und Achtzigern mit ihrem Bananenpudding vollstopften, während sie darüber schwatzten, wie viel wir zugenommen hatten, so als wären wir gar nicht da. Wir vermissen es, mit ihnen am Küchentisch Bohnen und Erbsen zu putzen, während im Fernseher oben in der Durchreiche *Schatten der Leidenschaft* lief. Alle liebten sie Victor Newman, hassten Jill Foster und beneideten Miss Chancellor um ihre Klunker und Kronleuchter, und auch das vermissen wir.

Und wir vermissen ihre nackten braunen Arme, die mit Holzklammern die Wäsche an der Leine festzwickten. Ihren Sonnentee, der draußen auf dem Picknicktisch in seinem großen Krug vor sich hin zog, vom Morgen bis zum frühen Abend, wenn es ihn mit ordentlich Zucker drin zu Platten voll frittierten Hühnerteilen gab. Wir vermissen es, nachts zu ihnen in die Himmelbetten mit den viel zu weichen Matratzen zu kriechen, unter gebügelte Laken und Decken, die noch von unseren Ururgroßmüttern stammten. Wir vermissen den Duft ihrer Bademäntel, nach Arthritissalbe und dem White-Shoulders-Parfüm, das sie morgens vor der Kirche mit dem Zerstäuber auftrugen. Wir vermissen es, die weichen Hautfalten an ihren Handrücken nachzufahren, wenn wir bei ihnen im Bett unsere Lieblingsserien guckten, *Dallas, Denver-Clan, Unter der Sonne Kaliforniens, Falcon Crest.*

Wir vermissen ihr Gelächter, ihre lockere Vertrautheit. Ihre Freundschaften, die ein Leben lang hielten und untreue Ehemänner und undankbare Kinder überdauerten. Die hielten, egal ob Alma Joe beim Fremdgehen erwischte und ihm mit dem Schwert, das er aus dem Krieg mit heimgebracht hatte, eins überbriet (auch wenn er im Krankenhaus dann behauptete, nicht zu wissen, was mit ihm passiert war). Die hielten, egal ob sie die Tablettenröhrchen in ihren Schuhen verstecken mussten, weil sieben ihrer neun Kinder sie ihnen sonst geklaut hätten. Wir vermissen die Resolutheit, mit der sie alle aburteilten, nur nicht sich selbst. (Oder urteilten da die »Nerven«-Pillen, die sie sich bei dem chinesischen Arzt in der Bay Street holten, der keine Fragen stellte?) Wir vermissen ihre klammheimlichen Becher Freitags-Rum und ihre enthemmten sonntäglichen Rufe nach Jesus. Wir vermissen den einsamen Goldzahn in ihrem Mund, bei dessen Anblick wir uns manchmal fragten, wer sie als junge Frauen gewesen sein mochten.

Wir vermissen ihre Blaukrabben, die auf Ziegelstützen über einem Feuerchen im Hof kochten, bis ihre Panzer sich blutrot färbten. Die Waschzuber, in denen sie kochten, erinnerten uns an Hexenkessel mit ihren wogenden, brodelnden Fluten voll Steinsalz und Cayenne, an deren Oberfläche Säckchen mit Gewürzen, halbe Zwiebeln und Paprikaschoten mit Kartoffeln und Maiskolben um die Wette blubberten. Und sie selbst standen über diese Kessel gebeugt wie Hexen, die einen Zaubertrank anrührten. Schweißtropfen an der Nasenspitze, Hände und Unterarme umwallt vom Dampf, schwangen sie ihre langstieligen Löffel und tunkten die panisch zappelnden Krabben in den sicheren Tod.

Das, und die Osterkleider, die sie uns nähten, und die Rührkuchen, die sie uns backten, und die Wege, die sie da fanden, wo es eigentlich keinen Weg gab.

Aber wir haben all dies verloren, als wir uns füreinander entschieden haben. Nur die Erinnerungen bleiben. Weshalb so viele unserer Bettgespräche, auch wenn wir an verschiedenen Orten groß geworden sind, mit einem »Weißt du noch …« anfangen, wenn wir im Dunkeln liegen mit unserer Sehnsucht und nichts haben, womit wir uns ablenken könnten. Nicht einmal einander, mittlerweile nicht mehr.

*

Einmal gab es Schnee in meiner Kleinstadt in Florida. 1989 war das. Im College hatten wir Winterferien, deshalb war ich daheim. Ich besuchte Tonya, eine Freundin von früher, und meine Mutter rief ganz beunruhigt bei ihr an und wollte mich sprechen. Ob ich den Wetterbericht gesehen hätte? Nein, hatte ich nicht. Als sie mir sagte, dass Schnee und Eis angekündigt seien, lachte ich und fragte, ob sie ein Glas zu viel intus hätte.

Mama schnaubte. »Ganz im Ernst, Kind. Mit so einem Wetter ist nicht zu spaßen. Mayretta sagt, da, wo sie wohnt, schlittern die Autos quer über die Straße, weil die Leute hier bei Schnee einfach nicht fahren können. Ich weiß, du solltest mir auf dem Rückweg noch was von Church's Chicken mitbringen, aber komm bitte direkt heim.«

»Ja, Ma'am.«

Aber so ganz hielt ich mich doch nicht daran.

Ich blieb noch eine Stunde bei Tonya. Mama erzählte mir hinterher, sie hätte mich noch mal zu erreichen versucht, aber Tonyas Mutter telefonierte offenbar, und eine Anklopffunktion hatten sie nicht. Und als Mama endlich durchkam, war ich schon weg. Das war natürlich, bevor es Handys gab. Kaum kam ich durch die Tür, zeterte sie auch schon los.

»Ich hab mich zu Tode geängstigt, ich dachte, du liegst irgendwo im Straßengraben!«

Ich streckte ihr die Church's-Chicken-Tüte hin, die sie anstarrte wie etwas von einem anderen Stern.

»Ich hab dir doch gesagt ...«

»Ich weiß. Aber die Straßen zwischen Tonyas Haus und Church's und zwischen Church's und hier waren völlig frei. Und du hattest dich doch so auf dein Hühnchen gefreut. Schau her, alles Flügel.« Wieder hielt ich ihr die Tüte hin. »Und deine Chilisoße hab ich auch.«

Meine Mutter ließ sich in ihren Lieblingssessel fallen und lachte und weinte gleichzeitig. Sie zog mich zu sich auf den Schoß und wiegte mich. Ich war so groß wie sie, wir müssen also ziemlich verboten ausgesehen haben.

»Leelee, du bist alles, was ich auf dieser Welt habe«, sagte Mama. »Wenn dir etwas zustoßen würde …«

Es waren immer nur Mama und ich gewesen. Mama hatte nie geheiratet und, soweit ich es mitbekam, auch nie einen festen Freund gehabt. Mein Vater wollte kein Vater sein, oder jedenfalls nicht meiner. Er habe eine Frau und Kinder, sagte Mama mir, und sei Diakon in der Kirche, die sie und ihre Familie besucht hatten, bevor ich geboren worden war. Sie sagte, der Herr habe mich ihr geschenkt, als sie einundvierzig war – »Kein Küken mehr!« –, und Gott unterliefen keine Fehler. Ich wusste, dass Mama mich liebte. Ich wusste, dass sie zwei Jobs hatte und Opfer brachte, damit ich alles bekam, was ich brauchte, und so gut wie alles, was ich mir wünschte. Disney World, als ich fünf war, obwohl das Geld kaum für die Stromrechnung reichte. Regelmäßige Zehn-Dollar-Schecks, als ich studierte, obwohl meine Studiengebühren den kompletten Jahresverdienst aus ihrem Zweitjob verschlangen. Deshalb war mir das mit dem Hühnchen auch so wichtig gewesen: weil sie alles für mich tat und so wenig für sich.

Aber wie eine schöne Steppdecke im Sommer konnte die Liebe meiner Mutter etwas Erdrückendes haben; man stöhnt darüber und vermisst nichts, bis der Winter da ist und sie fehlt.

Damals war ich mir nicht sicher, ob meine Mutter mich noch lieben würde, wenn sie herausfand, dass Tonya und ich mehr als nur Freundinnen waren. Und ich legte es nicht darauf an, es zu erfahren.

*

Rhonda und ich kennen auch hier schwarze Frauen, mit denen wir befreundet sind. Faith, Staycee, Melanie, Kelli. Aber Freundschaft ist nicht dasselbe wie eine gemeinsame Geschichte, so wie ein Knochen nicht dasselbe ist wie sein Mark. Unsere hiesigen Freundinnen sind der Meinung, dass diese Großstadt mit ihrem Eisen und Stahl und ihrer Kälte besser ist, sicherer als die Orte, aus denen wir kommen. Sie stellen sich diese Orte vor und sehen Konföderiertenflaggen vor sich, Rednecks, Poser mit Goldgrillz, die über Bitches und Schlampen ablästern. Sie sehen kein Zuhause.

Aber auch Rhonda sieht kein Zuhause vor sich, wenn wir abends im Bett liegen und uns erinnern. Für sie sind es nur Einzelmomente und -menschen, sepiagetönte, in Bernstein eingeschlossene Artefakte, Bilder in einem abgegriffenen Fotoalbum, das man nach dem Durchblättern zurück ins Regal stellt. Sie knipst sie aus wie den Fernseher, wenn *Good Times* vorbei ist. Sie tut sich so leicht mit dem Einschlafen. Während ich allein daliege und meinen Gedanken zu entkommen versuche.

Gestern Nacht entkam ich ihnen nicht. Ich starrte an die Decke und dachte an meine Mutter, die jetzt ebenfalls im Bett lag, daheim, wo eine Steppdecke und eine Heizsonne alles sind, was man im Winter braucht. Wir haben uns seit Oktober nicht mehr gesprochen, und auch da war es hauptsächlich ein Sich-Vergewissern, dass wir beide noch am Leben sind. Wir haben über das alljährliche Fischessen der Damen von der Nachbarschaftshilfe geredet, über den neuen Hut, den sie sich für den Frauentag ihrer Kirche gekauft hat, über den Sohn einer alten Nachbarin, der jetzt nach zwei Bewährungsstrafen wegen Drogenhandel im Gefängnis sitzt, darüber, ob mir meine Unistelle Spaß macht oder nicht (tut sie). Und dann war sofort wieder die übliche Anspannung da, und beide bereuten wir es merkbar, überhaupt angerufen zu haben, oder abgehoben, je nachdem.

Nach Rhonda erkundigt sich meine Mutter bei diesen seltenen Telefonaten nie. Ich starrte an die Decke und fragte mich, ob meine Mutter Rhonda wohl nach wie vor als »dieses Mädchen aus dem Internet« bezeichnet, wenn sie mit Miss Mayretta und ihren anderen Freundinnen über uns spricht. Sie kennt Rhondas Namen, weil ich ihn ihr gesagt habe. Ich habe ihr alles über mich erzählt, was sie angeblich nie auch nur geahnt hat – eine Ahnungslosigkeit, die allerdings schon durch ihre Fragen widerlegt wurde, dieses jahrelange Gefrage nach den namenlosen Jungs, die nie anriefen, mich nie zum Schulball einluden, ihr nie einen besseren Grund lieferten, sich für mich zu schämen.

Meine Mutter kennt Rhondas Namen, aber sie weigert sich, ihn auszusprechen. Weigert sich, sie kennenzulernen. Verweigert alles, außer für meine Seele zu beten. Als ich zum letzten Mal ihre Haustür hinter mir zuknallte, vor acht Monaten, schrie sie mir nach: »Haust ab mit diesem Weibsbild, das du aus dem Internet hast! Wer hat dich aufgezogen?«

Leelee, du bist alles, was ich auf dieser Welt habe …

Wie kann sich die Welt meiner Mutter einfach weiterdrehen, ohne mich?

Vielleicht dreht sie sich ja gar nicht weiter. Vielleicht liegt auch meine Mutter im Bett und denkt an mich. Sorgt sich um mich. Vielleicht.

Rhonda wurde von ihrer Mutter noch als Teenager rausgeschmissen. Sie haben seit zwanzig Jahren keinen Kontakt mehr. Rhonda schlief eine Zeit lang auf den Sofas diverser Bekannter, zog dann mit achtzehn in die Stadt und bekam eine Stelle bei der Post. Sie sparte auf eine eigene Wohnung und schwor sich, dass sie nie wieder irgendwo bleiben würde, wo sie nicht erwünscht war. Als ich sie kennenlernte, waren wir dreißig, und sie hatte gerade ein Haus gekauft. Die ersten paar Jahre pendelten wir zwischen ihrer Stadt und meiner, bis ich den Unijob bekam. Sie hat keine Sekunde gezögert, als ich sie fragte, ob sie mit mir hierherziehen würde.

»Mein Zuhause bist du, Leelee«, sagte sie. Im ersten Augenblick machte ich mir nicht klar, was das hieß. Dann begriff ich es. Als wir hier ankamen, glaubte ich, sie könnte recht haben. Ich glaubte, wir zwei könnten füreinander alles sein, was wir je an Zuhause brauchen würden. Einen milden Spätsommer und einen flammenden, rot-goldenen Herbst hindurch glaubte ich das.

Aber nachdem ich gestern Nacht eine Stunde oder länger an die Decke gestarrt hatte, machte ich etwas, das ich sonst nie mache: Ich weckte Rhonda. Und ich fragte sie: »Überlegst du manchmal, ob wir vielleicht wieder in den Süden ziehen sollten? Nach Hause?«

Vor ein paar Monaten hat Rhondas Cousine ihr erzählt, sooft ihre Mutter nach ihr gefragt würde, sei ihre Standardantwort, sie sei vermutlich tot, obwohl die Cousine selbst ihr versichert hat, dass Rhonda lebt und es ihr gut geht.

Um Rhondas Gesicht zu sehen, war es zu dunkel, aber in dem Schweigen, das folgte, konnte ich spüren, wie sie die Schlafnebel wegblinzelte. Dann sagte sie: »Arletha, ich habe dir gesagt, wo *mein* Zuhause ist.«

Und ich wünschte mir nichts so sehr, wie meine Frage wieder zurücknehmen zu können.

*

Rhonda lehnt die Schaufel an die Hauswand und streut Salz auf die geräumte Einfahrt und den Plattenweg. Ich warte im warmen Auto auf sie. Wir haben nur ein Auto, und die öffentlichen Verkehrsmittel sind eine Katastrophe, deshalb setze ich sie morgens beim Gericht ab, wo sie arbeitet, und fahre dann weiter zur Uni. Freitags unterrichte ich nur einen Nachmittagskurs, Schwarze Formen des Feminismus, sodass mir davor ein paar Stunden zum Korrigieren und Vorbereiten bleiben.

Als Rhonda mit dem Salzstreuen fertig ist, steigt sie zu mir in den Wagen. Ich streife ein Klümpchen Schnee von ihren Dreads, es schmilzt von der Wärme meiner Hand. Ich kann nicht sagen, ob ihr Körper sich bei meiner Berührung tatsächlich versteift hat oder ob das nur Einbildung ist. Ihr Schweigen, während ich mit dem Wagen zurückstoße, spricht für Ersteres.

»Für den Nachmittag ist schon wieder Schnee angesagt«, sage ich. »Wie viele Wochen soll dieser Mist denn noch gehen?«

»Frag das Murmeltier«, sagt Rhonda.

Der Weg die steilen Hügel hinunter ist eine Zitterpartie. Ich habe Angst, die Bremsen könnten blockieren und wir mitten auf die Kreuzung schlittern. Noch größere Angst machen mir die anderen Fahrer, meist Einheimische, für die ein Wetter wie dieses wenig bis gar keinen Grund darstellt, langsamer zu fahren. Sobald die Straßen frei sind, gibt jeder fröhlich Gas. Aber wenn man lange genug hier lebt, hat man es wahrscheinlich im Gefühl, wann der schwarze Asphalt einfach Asphalt ist und wann überfrierende Nässe. Rhonda und ich verfügen schlicht noch nicht über die Erfahrungswerte, die uns diese Gewissheit geben könnten. Aber das wissen die Einheimischen natürlich nicht. Sie kleben uns auf der Stoßstange, hupen oder überholen uns zackig, wenn wir ihnen zu langsam sind. Am liebsten würde ich ein Schild an die Heckscheibe hängen: »Erbarmen, wir sind nicht von hier!«

Rhonda sagt nur: »Scheiß auf sie«, und zeigt ihnen den Finger, wenn sie an uns vorbeiziehen.

Aber unsere heutige Fahrt ins Zentrum verläuft fäkalienfrei. Entnervte Fahrer überholen und hupen, ohne dass von Rhonda ein Wort kommt. Vor dem Gericht beuge ich mich für einen Abschiedskuss zu ihr hinüber, doch unsere Lippen streifen sich kaum, da ist sie auch schon weg. Wie lange ist es her, dass wir im Bett etwas anderes gemacht haben, als Küsse und Erinnerungen zu tauschen?

Aber der Kuss, egal wie flüchtig, ist dennoch ein Kuss. Und ich frage mich, ob ich je aufhören werde, all die Dinge zu bemerken und aufzulisten, die uns hier möglich sind und es daheim niemals wären. Ob diese Liste je lang genug wird, um genug zu sein. Genug für mich.

Auf dem Unigelände ist das Parken schwerer als sonst, weil sich am Straßenrand Schneewälle türmen. Schließlich finde ich eine Lücke in einer baumgesäumten Seitenstraße zwei Blocks von meinem Büro entfernt. Ich wappne mich für die Kälte und stoße die Autotür auf.

Ein Schritt, und es reißt mir die Füße weg. Mein Hintern kracht auf eine Eisplatte, Schulter und Rücken schrammen über die Einstiegskante. Die offene Tür versperrt mir die

Sicht, und mein erster Gedanke ist: *Kann mich überhaupt jemand sehen?* Wobei ich gar nicht sicher bin, dass ich gesehen werden möchte.

Durch meine wasserdichte Hose dringt Eiseskälte, und der Schmerz schießt mir vom Steiß bis in die Schultern. Ich traue mich nicht aufzustehen, weil ich Angst habe, gleich wieder auszurutschen. Ich höre Fußgänger vorbeigehen, Autos vorbeifahren. Ich könnte rufen. Ich könnte um Hilfe schreien. Ich sehe hinauf in den Himmel, der so grau ist wie die Äste über mir. Sie neigen sich mir entgegen, niedergedrückt durch den Schnee, der sich auf ihnen sammelt.

Ein Gedanke formt sich in mir und setzt sich fest. Ein Gedanke, den ich viele Jahre nicht mehr hatte, vielleicht ein Jahrzehnt: Ich will meine Mutter.

Wenn mein Telefon nicht in meiner Handtasche auf der Rückbank läge, würde ich jetzt auf der Stelle meine Mutter anrufen. Meine Mutter, deren Arme mich mein Leben lang aufgefangen haben. Und dann plötzlich nicht mehr.

Mir tut alles weh, und das Aufstehen dürfte es nicht besser machen. Bei dem Gedanken, die zwei Blocks bis zu meinem Büro zu gehen, schaudert es mich. Dann befehle ich mir, mich zusammenzureißen. *Stell dich nicht so an! Stell dich nicht so an! Stell dich nicht so an!* Das wiederhole ich erst stumm, dann im Flüsterton, bis ich mich auf die Knie hochgestemmt habe. Ich hieve mich zurück auf den Fahrersitz und schlage die Tür zu. Ich lasse den Motor an, drehe die Heizung auf. Ich heule jetzt, und es klingt, als käme das Geräusch von jemand anderem. Wie damals nach dieser Mini-OP, als ich aufwachte und mich über das penetrante Gewimmer einer Frau ganz dicht neben mir ärgerte, bis ich begriff, dass die Frau ich selbst war.

Es schmerzt höllisch, als ich hinter mich greife und die Tasche von der Rückbank angle, aber das hält mich nicht ab. Ich hole mein Handy heraus und rufe die Nummer meiner Mutter auf. Eine gefühlte Ewigkeit sitze ich da, den Finger über der Ruftaste. Aber dann wechsle ich doch zur Anrufliste und tippe auf Rhondas Namen. Ich versuche, das Schluchzen in den Griff zu bekommen, bevor sie abhebt, aber ich schaffe es nicht.

»Leelee, Baby, langsam, nicht so schnell«, sagt sie. »Ich versteh dich nicht. Was ist passiert?«

»Ich hasse diesen verdammten Dreckssschnee!«

»Okay ...?«

»Ich hasse den Schnee. Ich hasse den Winter. Ich hasse diese Stadt! Ich will hier nicht sein.«

Schweigen. Rhonda seufzt. »Wo willst du denn dann sein?«

»Ich ... ich weiß nicht.«

»Ich glaube schon, dass du das weißt.«

»Ich bin hingefallen.«

»Was?«

»Ich bin ausgerutscht und hingefallen, als ich aus dem Auto aussteigen wollte. Nichts Ernstes. Ich hab nur ... ich hätte nur fast meine Mutter angerufen.«

Schweigen. Und dann sagt Rhonda: »Schön für dich.«

Ich will ihr erklären, dass das nichts als eine Art Reflex war, dieser Drang, meine Mutter zu sprechen. Ich möchte ihr sagen, dass mein Zuhause bei ihr ist, dass wir zwei es sind, die einander nun auffangen, wenn wir fallen.

Aber nichts, was ich sagen kann, ändert etwas an dem Mutter-Privileg, das ich habe: Wenn ich wollte, könnte ich meine Mutter anrufen, und sie würde abheben, und vielleicht bekäme ich von ihr sogar ein begrenztes Maß an Anteilnahme und Trost, so wie ein fremder Mensch auch. Das zumindest habe ich noch. Rhonda nicht.

»Leelee, wenn du dir sicher bist, dass es nichts Ernstes ist«, sagt Rhonda, »ich müsste langsam weiterarbeiten.«

Frische Tränen brennen mir in den Augen. »Nein. Geht schon.«

Wir legen auf, und ich stecke das Handy zurück in die Tasche. Dann beiße ich die Zähne zusammen und steige ein zweites Mal aus dem Auto, diesmal, ohne auf die vereiste Stelle zu treten. Der Weg bis zum Büro könnte schlimmer sein, aber im gesamten Rücken- und Schulterbereich sticht und pocht es.

Bis mein Seminar losgeht, habe ich schon die dritte Schmerztablette eingeworfen, und statt wie sonst zu stehen muss ich auf einem Stuhl vor meinen Studierenden sitzen. Meine Bewegungen kommen mir einen Tick langsamer als üblich vor. Aber der Kurs, eine sehr engagierte Gruppe von zwölf Frauen und zwei Männern, scheint davon nichts zu bemerken. Ich sage ihnen, dass sie der einzige Lichtblick an einem ansonsten grauenvollen Tag sind.

Jetzt halten sie mich wahrscheinlich für nicht mehr ganz dicht, aber irgendwie musste ich das loswerden.

Als Rhonda zu mir ins Auto steigt, will sie wissen, wie es mir geht. Alles gut, sage ich, und durch den Berufsverkehr fahren wir im Kriechtempo zurück.

»Leelee ... entschuldige bitte, dass ich das vorhin gesagt habe. Das mit dem ›schön für dich‹.«

»Mach dir keinen Kopf, Babe. Ist schon in Ordnung.«

»Nein, ist es eben nicht. Nur weil meine ... nur weil jemand mir wehgetan hat, rechtfertigt das noch lange nicht, dass ich dir wehtue und nicht für dich da bin, wenn du mich brauchst.«

Ich weiß nicht, was ich sagen soll. Wir sind schon fast da, als es zu schneien beginnt, heftig. Ich biege in unsere Einfahrt ein. Das Aussteigen ist auch diesmal wieder eine Tortur. Als ich endlich aufrecht stehe, wartet neben der Fahrertür Rhonda, ihren Autoschlüssel gezückt.

»Geh du schon mal rein, ich komm dann nach«, sagt sie.

»Wo willst du hin? In dem Schnee auch noch ...«

»Ich weiß, mach dir keine Gedanken.«

»Aber wohin fährst du denn?«

Rhonda schüttelt den Kopf. »Geh einfach rein und lass dir ein schönes heißes Bad ein. Bitte.«

Ich gehe ins Haus, lasse mir mein Bad einlaufen und versuche, mich nicht zu sehr zu sorgen. Unsere Wanne ist freistehend und hat Klauenfüße, genau wie die Badewanne, die wir daheim hatten, als ich ein Kind war. Rhonda ist der Meinung, dass ich das Haus nur wegen der Wanne genommen habe, und vielleicht hat sie recht. Es gab Häuser in besserem Zustand und in besseren Wohngegenden, aber nur dieses hatte eine Wanne mit Klauenfüßen. Ich rutsche nach unten, bis das Wasser meinen Rücken und die Schultern umschließt, und mache die Augen zu.

So ähnlich wie ich jetzt muss sich Rhonda am Abend des ersten Wintereinbruchs gefühlt haben. Ich war noch im Auto unterwegs, und sie saß zu Hause und sorgte sich. Sie war an dem Tag daheim geblieben, um auf den Elektriker zu warten, der unsere defekten Steckdosen richten sollte. Der Verkehr war die Hölle, zu dem Schnee kam ein Unfall, und als ich endlich zu Hause anlangte, war es längst dunkel. Rhonda war in der Zwickmühle: besser weiter mit mir telefonieren, um sicher zu sein, dass ich noch lebte, oder lieber auflegen, damit ich mich aufs Fahren konzentrieren konnte? Dann war mein Akku leer und sie von diesem Dilemma erlöst.

Jetzt liegt mein voll aufgeladenes Handy neben der Badewanne auf dem Boden.

Zur Ablenkung spiele ich ein Spiel aus meiner Kindheit: Ich seife meine Hände dick ein und bilde mit Daumen und Zeigefinger einen Ring, durch den ich Seifenblasen zu pusten versuche. Ganz allmählich beginnt sich der Schmerz im Rücken und in meinen Schultern zu lösen. Ich stelle mir vor, wie das warme, seifige Wasser ihn wegspült.

Nach einer Weile döse ich ein und werde nur ab und zu wach genug, um heißes Wasser nachlaufen zu lassen und auf mein Handy zu schauen. Irgendwann sehe ich eine Nachricht von Rhonda: *Bin auf dem Weg*. Ich schreibe zurück: *Hab dich lieb.* Keine Antwort.

Als ich das nächste Mal aufwache, steht Rhonda neben der Wanne und hält eins von den übergroßen T-Shirts hoch, die ich als Schlafhemd benutze.

»Dein Rücken sieht aus, als hättest du dich mit einem Bären gefetzt. Jetzt komm«, sagt sie. »Ich hab unten etwas für dich.« Sie trägt nicht mehr ihre Bürokleidung, sondern ein trägerloses Strandkleid, das ich zum letzten Mal gesehen habe, bevor wir hierhergezogen sind. Ich trockne mich ab und folge ihr nach unten.

Ich rieche es, bevor ich es sehe. Als Erstes sticht mir der Pfeffer in die Nase, dann nach und nach die ganze Bandbreite an Düften: Zwiebeln, Paprika, dazu die Gewürzmischungen, Old Bay und Zatarain's Crab Boil Seasoning.

Einkaufstüten übersäen den Boden und sämtliche Arbeitsflächen. Der Küchentisch ist mit Zeitungen abgedeckt, die Rhonda extra gekauft haben muss. Meine Mutter hob immer alte Zeitungen auf, um damit den Picknicktisch hinten im Garten abzudecken. Und wie auf dem Tisch meiner Mutter stehen auf unserem Tisch jetzt Schälchen mit zerlassener Butter, eine Flasche Louisiana Hot Sauce und ein Krug süßer Tee.

Im Suppentopf auf dem Herd brodelt und blubbert es hellrot, ein winziger, wütender Ozean voll mit Schneekrabbenbeinen, Kartoffeln und Maiskolben.

Wir haben schon mehrmals versucht, bei Wholey's, dem Fischhändler, auf den alle so schwören, lebende Blaukrabben zu ergattern, aber die Lieferung kommt montags ganz früh morgens und ist innerhalb von Minuten ausverkauft.

Ich drehe mich zu Rhonda um. Sie lächelt und breitet die Arme aus. »Es sind tiefgefrorene, aber sag mir eine bessere Medizin gegen den Winterblues.«

Erst da dringt zu mir durch, was für ein Song auf ihrem iPod läuft: *Summertime* von DJ Jazzy Jeff & the Fresh Prince. Ich tanze in Rhondas Arme, und dann drehen wir uns durch die Küche, bis die Krabben fertig sind und unsere Gesichter feucht von der dampfigen Salzluft.

Rhonda schöpft die Krabben in eine Aluminiumschüssel und stellt sie in die Tischmitte. Ich schenke uns Tee ein.

»Nicht, dass du dazu meine Erlaubnis brauchst«, sagt Rhonda, als sie sich zu mir an den Tisch setzt, »aber von mir aus ruf deine Mutter ruhig an. Ich meine, du sollst nicht denken, dass du sie wegen mir nicht anrufen kannst. Und vielleicht willst du ja auch mal zu ihr fahren? Sie ein bisschen besuchen? Sie ruft an, nicht oft, aber das heißt doch immerhin, dass sie in ihrem Leben noch einen Platz für dich lässt.«

Ich versuche, aus ihren Worten irgendeinen Unterton von Resignation oder Märtyrertum herauszuhören, aber wie im Grunde immer ist das, was Rhonda sagt, genau das, was sie meint.

»Babe«, sage ich, »der Platz, den meine Mutter für mich gelassen hat, ist nicht groß genug für zwei.«

Rhonda nickt, und dann langen wir zu.

Die Veranda draußen ist schon unterm Schnee verschwunden. Er wird die ganze Nacht fallen, und morgen früh tanzen wir wieder nach seiner Pfeife.

IM BETT MIT EINEM PHYSIKER

Ins Bett mit einem Physiker? Am besten am Pi-Tag – Pi ist eine Konstante und außerdem irrational –, aber die Grundlage wird über Monate im Voraus geschaffen. Zuerst musst du ihn bei einem STEAM-Kongress im Vorbeigehen treffen. Als Kunstlehrerin an einer Mittelschule nimmst du teil, damit das A für Arts auch gut vertreten ist und nicht zwischen den Giganten Science, Technology, Engineering und Mathematics untergeht. Aber als schwarze Frau spielst du dort »Negerzählen«, wie bei jedem Kongress. Er ist die Nummer zwölf, unter Hunderten, die an der Tagung teilnehmen. Am ersten Kongresstag fällt er dir auf, als er die Rolltreppe im Tagungszentrum hinunterfährt, während du hochfährst. Du versuchst zu erraten, welchen Buchstaben des Akronyms er vertritt. Bei seinem Gesicht und den Baby-Dreads könnte »Dichter« passen, aber »Mathelehrer an der High School« auch.

Am zweiten Tag siehst du ihn in einer Breakout Session zum Thema »Integration der Künste und Global Citizenship« wieder. Bevor es losgeht, unterhält er sich mit der Moderatorin – auch einer Sista, Nummer dreizehn. Den Gesprächsfetzen nach zu urteilen kennen sie sich noch vom Studium in Atlanta Anfang der 1990er. An ihren jetzigen Unis haben sie etliche gemeinsame Bekannte. Sie vereinbaren, sich vor dem Ende der Tagung noch einmal zu treffen. Du registrierst, dass sie einen Ehering trägt, er nicht.

Als ihr den Raum verlasst, bemerkt er, dass du ihn ansiehst. Er lächelt, du lächelst zurück. Er geht neben dir her, streckt dir die Hand hin und stellt sich vor. Er sagt »Eric *Turman*«, aber du verstehst »Erick Sermon«. Du bekommst erst große Augen, dann runzelst du die Stirn, weil du es für einen leicht abgefahrenen Witz hältst.

»Nein, Eric Turman.« Er lacht. »Nicht der Hip-Hopper von EPMD.«

»Verstehe«, sagst du. »Ich bin Lyra James. Nicht zu verwechseln mit Rick James.«

Wieder lacht er. »Aber oft verwechselt mit der Lyra, die einen der hellsten Sterne des Nachthimmels enthält.«

Das Kompliment überrascht dich, und dein Versuch, das zu verbergen, scheitert eher kläglich. »Und Sie sind … Mathelehrer?«

Nein, er ist weder Mathelehrer noch Dichter. Er ist Physiker und Vorsitzender des Ausschusses für Bildungsprogramme der American Physics Society.

Ihr plaudert über »Integration der Künste und Global Citizenship«. Er fragt, was dich auf die Tagung geführt hat, und du erzählst ihm, dass du Kunst an der Mittelschule unterrichtest – Bildhauerei, Druck, Malen, Textilkunst, Töpfern. Er fragt, ob du ihm beim Mittagessen mehr darüber erzählen würdest. Das tust du. Das Gespräch wird beim Abendessen weitergeführt – du erfährst, was der Vorsitzende des Ausschusses für Bildungsprogramme der American Physics Society macht –, dann bei Cocktails in der Bar des Tagungshotels. Und danach noch auf einem

Sofa im Foyer. Ihr zählt euch gegenseitig eure fünf Lieblings-MCs auf. Ihr debattiert darüber, ob der erste Platz Scarface oder Rakim gebührt.

Dir fallen seine dichten Wimpern auf, seine großen Hände und eine kleine Narbe neben der rechten Augenbraue. Als er seine Ballonmütze ein paarmal anhebt, um sich den Kopf zu kratzen, siehst du, dass seine Baby Dreads gepflegt und sorgfältig eingeölt sind.

Er erzählt dir von seiner Arbeit, dem Brotberuf, in dem er astrophysikalische und kosmologische Theorien entwickelt und diese dann in seiner Forschung auf den Prüfstand stellt. »Im Nebenberuf wäre ich gerne Astronaut, aber als Brotha stehst du nicht ganz oben auf der Wunschliste der NASA.« Er zuckt mit den Achseln. »Und Sie?«

»Ich?«, fragst du zurück. »Also, ich hab nur den einen Job.«

»Keine Träume?«

Du holst tief Luft und verrätst sie ihm. »Kennen Sie diese Schule, die LeBron James ins Leben gerufen hat? So eine würde ich auch gerne gründen. Oder noch besser gleich mehrere, über die Staaten verteilt. Aber anfangen würde ich mit einer, die ganze Familien unterstützt. Das ist nämlich der Schlüssel, wissen Sie?«

Er weiß das. Und ehe ihr's euch verseht, ist es nach Mitternacht. Ihr habt beide noch eure Tagungs-Lanyards umhängen und löst gemeinsam sämtliche Probleme des öffentlichen Bildungswesens; nur das Ende des systemimmanenten Rassismus, die Abschaffung des derzeitigen

Finanzierungssystems von Schulen und ein paar Milliarden Dollar fehlen noch. Eric hat sein Handy herausgezogen, ein paar Berechnungen angestellt, sich die Namen notiert, die du ihm empfohlen hast – Namen von Kunstschaffenden, Kunstwerken, Büchern, Förderprogrammen für öffentliche Schulen. Er ist neugierig, und er hört zu.

Um dreizehn nach zwei sagt er: »Du hast was richtig Erfrischendes.« So fühlst du dich ganz und gar nicht, weil die French 75s, die ihr an der Bar getrunken habt, dich schläfrig gemacht haben. Und weil es dreizehn nach zwei ist. Aber du möchtest, dass er weiterredet, dass er weiter zuhört. *Solltest du ihn einladen, mit hochzukommen? Nein, das ist zu früh.* Nicht etwa, weil er ein Serienmörder sein könnte; das ist nicht das Problem. Er soll nur nicht denken, du wärst »so eine«. So eine, wie sie dir deine Mutter immer als warnendes Beispiel vorgehalten hat, weshalb du bis heute nie so eine warst. Du bist zweiundvierzig.

Oder du fragst, ob ihr euch morgen zum Frühstück treffen wollt? Nein, das wäre zu aufdringlich.

Anscheinend hast du glasige Augen bekommen, während du mit dir gerungen hast, denn er sagt: »Dann lass ich dich besser mal schlafen. Es war ein anregender Abend mit dir.«

Ihr steht beide auf und streckt euch. Aber dann steht ihr einfach nur da, seht euch an und macht keine Anstalten zu gehen. »Das ist jetzt hoffentlich nicht zu aufdringlich«, setzt er an, »aber wollen wir morgen vielleicht zusammen frühstücken?«

Ins Bett mit einem Physiker? Auf dem Heimflug von der Tagung gehst du noch einmal all die Dinge durch, die euch verbinden:

- Es nervt euch, ständig gefragt zu werden, warum ihr noch solo seid.
- Ihr mögt Kinder, wollt aber keine eigenen.
- Eure Lieblingsjahreszeit ist der Herbst.
- Ihr seid kein Fan von Tyler Perry und habt es satt, euch andauernd von ihm vorschwärmen zu lassen.
- Ihr seht beide furchtbar schlecht und wurdet deshalb eure ganze Kindheit hindurch gehänselt. (»Deine Brillengläser sind so dick, dass du die Zukunft sehen kannst«, diesen Spruch durftet ihr euch beide zigmal anhören.)
- Euch war beim *Prinz von Bel-Air* die erste Tante Viv lieber.
- Bei der Frage Prince vs. Michael Jackson seid ihr für Prince.

Du hast während der restlichen Tagung alle Mahlzeiten mit ihm eingenommen, hast stundenlang mit ihm geredet und trotzdem vieles unerwähnt gelassen. Deinen Freund in der High School zum Beispiel und dann den am College und den beim Masterstudium. Diese Männer, die dich ausgewählt haben und denen du Jahre deines Lebens gewidmet hast, ohne dich bei ihnen je in deinem Körper wohlgefühlt zu haben – deine Therapeutin hat dir geholfen, das so zu artikulieren. Du hast ihm nicht erzählt, dass du an diesen Beziehungen festgehalten hast, bis der jeweilige Mann beschlossen hat, dich gegen eine Frau auszutauschen, die sich wohler in ihrem Körper fühlte, die selbstsicherer und hübscher war als du.

Du hast ihm nicht erzählt, dass du, so kitschig und abgedroschen das auch klingt, dich eigentlich lieber durch deine Kunst mitteilst. Durch Bilder und Zeichnungen, die du gerahmt und verschenkt oder gerahmt und bei dir zu Hause aufgehängt hast. Mittlerweile kümmerst du dich allerdings lieber um die Talente deiner Schülerinnen und Schüler. Das ist nicht so riskant.

Du hast ihm nicht erzählt, dass du im Lauf der Jahrzehnte nach und nach alle deine guten Freundinnen an Ehe und Mutterschaft verloren hast und eure Freundschaften auf Kindergeburtstage und seltene Frauenabende reduziert sind.

Du hast ihm nicht erzählt, dass du abgesehen von ein paar wenigen Online-Dating-Flirts und dem gelegentlichen Fummeln, wenn dein Kindheitsfreund gerade keine feste Freundin hat, über Monate am Stück enthaltsam lebst.

Später wird deine Therapeutin dich fragen, warum so etwas überhaupt einem Mann erzählt werden sollte, den du gerade erst kennengelernt hast. Du weißt, da hat sie nicht unrecht, aber du hast keine andere Antwort darauf, als dass du vielleicht eine Frau bist, die mit einem Warnhinweis versehen gehört, einem Haftungsausschluss.

Falls Eric dir auch nur einen Bruchteil dessen verschwiegen hätte, was du ihm verschwiegen hast, wäre das schon ziemlich viel. Als dein Flugzeug landet, bist du dir sicher, dass du sein wahres Ich niemals kennenlernen wirst und nicht weißt, ob er überhaupt aufrichtig war. An der Gepäckausgabe beschließt du, dass alles nur dem Überschwang des Augenblicks geschuldet war, dass er zu seinem Leben zurückkehren und dich vergessen wird. Und du solltest versuchen, es genauso zu machen. Also löschst du seine Nummer aus deinem Handy.

Als du an diesem Abend zu Hause in deinem Bett liegst, schickst du den Lehrkräften aus den Fächern Mathematik, Chemie und Physik eine lange Mail, in denen du detailliert mögliche Formen der Zusammenarbeit im kommenden Schuljahr beschreibst.

Ins Bett mit einem Physiker? Du holst deine Zeichenkohle und skizzierst sein Gesicht aus dem Gedächtnis. Du erzählst deiner Therapeutin von ihm, gibst zu, dass er dich keineswegs vergessen hat, du aber seine Anrufe nicht annimmst und seine Nachrichten unbeantwortet lässt. Bei so was bist du nicht gut, sagst du.

»›Bei so was‹?«, fragt deine Therapeutin.

»Männer. Das funktioniert nie.«

»Aber Sie haben doch ein Porträt von ihm gezeichnet. Und mir von ihm erzählt. Warum?«

»Weil wir einen tollen Moment miteinander hatten. Mehr aber auch nicht.«

»Warum schickt er Ihnen dann noch Nachrichten?«

»Weil er nett sein will.«

Sie mustert dich mit schief gelegtem Kopf. *Ich bitte dich, Mädchen,* sagt dieser Blick, wie so oft, bevor sie den Finger in die Wunde legt. Sie fragt: »Ist das mal wieder ein Beispiel dafür, wie Sie sich potenziell gute Dinge schlechtreden?«

Ins Bett mit einem Physiker? Du liest seine Nachrichten weiterhin, reagierst jedoch nicht darauf. Er schreibt dir seit Wochen, unverdrossen. Er fragt, wie es dir geht, erzählt dir, wie es ihm geht und was er macht. Er hat seinem Ausschuss Vorschläge für ein Kunst- und Naturwissenschafts-Feriencamp für die ganze Familie unterbreitet. Er dankt dir für die Inspiration.

Eines Sonntags, als du nach der Kirche mit deiner Mutter beim Essen sitzt, schickt er dir das Foto eines flammend roten Sonnenuntergangs mit der Bildunterschrift: *Eine selten schöne Streuung von Lichtstrahlen.* Du merkst gar nicht, dass du lächelst, bis deine Mutter fragt: »Warum lächelst du?« Sie klingt eher misstrauisch als neugierig. Und du überlegst, wann sie dich zum letzten Mal hat lächeln sehen, diese Frau, die dir jede Woche gnadenlos so viele Reste mitgibt, dass zehn Leute davon satt werden könnten, und dich dann fragt, wann du denn mal abzunehmen gedenkst, damit du endlich einen Mann findest.

Als das neue Schuljahr beginnt und du dein Klassenzimmer vorbereitest, wartet in deinem Postfach ein Päckchen von Eric. Du fragst dich, wie er dich wohl aufgespürt hat, und dann fällt dir ein, dass der Name deiner Schule ja auf dem Tagungs-Lanyard abgedruckt war. Er hat dir *Overview. Faszinierende Bilder unserer Erde aus dem All* geschickt, eine Sammlung von mehr als zweihundert umwerfenden, hochaufgelösten Satellitenaufnahmen von der Erde, die dokumentieren, wie der Mensch den Planeten verändert hat. Die Sammlung ist nach dem »Overview-Effekt« benannt, jener Erfahrung der Überwältigung und Ehrfurcht, von der Astronauten berichten, wenn sie aus dieser ungekannten Perspektive erstmals auf die Erde hinabblicken. Eine Luftaufnahme von einer Planstadt in Florida ist ein buntes Mosaik. Das Foto von stillgelegten Militär- und Regierungsfliegern auf dem Flugzeugfriedhof der Davis-Monthan Air Force Base erinnert dich an eine Sammlung von Pfeilspitzen amerikanischer Ureinwohner. Tulpenfelder in den Niederlanden sehen aus wie Textilkunst.

Du gibst dem Buch einen Ehrenplatz im Bücherregal deines Klassenzimmers. Du schickst Eric eine Nachricht: *Danke für das Buch. Es ist großartig.*

Dann antwortest du auf seine letzte Mitteilung, nämlich dass sein Ausschuss das Sommercamp genehmigt hat und voll finanzieren will. *Gratuliere zur Finanzierung!*, schreibst du. Und er schreibt zurück: *Gern geschehen! Und danke.*

An diesem Abend liest du *Overview* von vorne bis hinten durch. Und am nächsten Abend fängst du wieder an zu malen. Du bleibst lange auf und findest zu deinem Rhythmus zurück.

Das Wochenende kommt. Du rufst ihn an, weil dir Kurznachrichten ohnehin nicht so liegen und weil es vielleicht an der Zeit ist. Er geht sofort ran. Er fragt nicht, warum du so lange gebraucht hast. Er freut sich, von dir zu hören. Und beide klingt ihr eine Spur atemlos.

Ihr redet. Über seinen Antrag für das Sommercamp, darüber, was ihr euch zum Abendessen kocht und was ihr für Wochenendpläne habt. Ihr redet über den neuen Dokumentarfilm über Toni Morrison, darüber, was sie euch beiden bedeutet hat. Ihr redet über Verlust.

Ihr fangt an, täglich miteinander zu telefonieren, dank Videoanrufen habt ihr virtuelle Dates. Und die sind besser als jedes echte Date, das du bisher hattest. Ihr guckt stundenlang Serien zusammen, kocht gemeinsam, trinkt Wein und seht euch gegenseitig beim Wäschemachen zu. Ihr unterhaltet euch ganze Tage und Nächte, Nächte, die in den Morgen übergehen.

Manchmal wachst du vor Tagesanbruch auf, und er ist noch da, sein schlafendes Gesicht füllt das Display deines Handys aus. Dann drehst du dich noch einmal um, passt deinen Atem seinem an und schlummerst wieder ein.

Ins Bett mit einem Physiker? Frag ihn, ob er an Gott glaubt. Frag ihn, ob er Wissenschaft und Religion für vereinbar hält.

»Die Grundsätze der Physik stützen den Gottesgedanken, denn sie besagen, dass man aus nichts nichts schaffen kann«, antwortet er. »Etwas muss das alles hier geschaffen haben, außer man geht davon aus, dass wir schon immer da waren, dass es keinen Urknall gegeben hat, keinen Ursprung des Universums. Frag mich nicht, wie man sich das vorzustellen hat, aber es war zweifelsohne eine höhere Macht am Werk. Diese ganze Energie muss ja irgendwo hergekommen sein.«

»Ah. Ich hätte gedacht, dass du Atheist bist.«

»Nicht einmal Einstein war Atheist«, sagt er. »Bei ihm geht es ständig um Gott. Wenn auch nicht um einen Gott, der sich mit dem Verhalten von uns Menschen befasst. Das ist die fixe Idee der Kirche und der Grund, weshalb sie das Christentum mithilfe von Schuld und Scham durchsetzen will.«

»Dann glaubst du nicht, dass es Gott wichtig ist, wie wir mit uns und dem Planeten umgehen?«

»Das halte ich sogar für das Allerwichtigste. Aber dafür brauchen wir Menschen nicht die Kirche. Ich habe die Bibel von vorne bis hinten gelesen. Da hängt ganz viel von der Übersetzung und der jeweiligen Auslegung ab. Ich bin katholisch erzogen worden und ein großer Freund dieser ganzen Rituale. Aber mittlerweile bin ich zu der Erkenntnis gelangt, dass der Glaube an einen persönlichen Gott nicht wesentlich ist. Nicht für mich.«

Du fragst: »Und was ist mit dem Himmel?« Eigentlich aber willst du fragen: *Was ist mit der Hölle?*

»Was soll damit sein?«

In den Himmel zu kommen und die Alternative zu vermeiden – nur darum geht es doch im Leben, oder?

Deine Mutter spricht sehnsüchtig vom Jüngsten Gericht und dem endgültigen Urteil darüber, wer die himmlische Pforte durchschreiten darf und wer nicht. Sie ist sich sicher, dass Gottes Urteil das ihre widerspiegeln wird. »Es werden nur sehr wenige sein«, sagt sie gerne. »Nur wer nie vom Pfad der Tugend abgewichen ist, wird das Antlitz Gottes schauen.«

Und dir wird bewusst: Wenn Gott jeden in den Himmel ließe, würde deine Mutter sofort vom christlichen Glauben abfallen.

Du weißt nicht, wie du Erics Frage über den Himmel beantworten sollst, ohne dass es nach einem Märchen von Gut und Böse, Belohnung und Strafe klingt.

Du brauchst einen Moment, um alles sacken zu lassen. Du denkst an deine Mutter und die vereinfachte Version Gottes, an der sie festhält, die einzige Version, die du je gekannt hast und die loszulassen du dich fürchtest. Dann sagst du dir, dass deine täglichen Telefongespräche mit Eric ein Ritual für sich sind und euer Wiedersehen, wenn es denn endlich dazu kommt, fast so etwas wie eine Weihe sein könnte. Die Vorstellung beglückt und ängstigt dich zugleich. Sie ängstigt dich, weil deine Erfahrung mit der Religion ist, dass sie mehr verlangt, als du jemals geben kannst.

»Wahrscheinlich könnte ein Mensch den Himmel auch hier auf der Erde haben«, sagst du.

»Ich zum Beispiel«, sagt Eric. »Jedes Mal, wenn ich dich lächeln sehe oder dir zuhöre, wie du über deine Schülerinnen und Schüler sprichst. Und selbst wenn du still bist und malst oder nur … Handtücher zusammenlegst.«

»Der Himmel ist, wenn ich Handtücher zusammenlege?«

»Okay … vielleicht, wenn du Spannbettlaken zusammenlegst. Wunder haben viele Gestalten.«

Ins Bett mit einem Physiker? Du lädst ihn ein, im Frühjahr zu deiner ersten Einzelausstellung in einer örtlichen Galerie zu kommen. Es wird eine Zusammenstellung farbenfroher abstrakter Gemälde sein, beeinflusst durch deine Lektüre von *Overview*, Rumi und dem Koran, und auch durch das erneute Lesen von Toni Morrisons *Solomons Lied*. Du gibst der Ausstellung den Titel *Wie ich die Liebe auch erklären will*, eine Zeile aus Rumis *Masnavi*.

Die Ausstellung ist erst in drei Monaten, aber du stellst dir jetzt schon vor, wie deine Mutter durch die Galerie läuft und murrt: »Was soll das denn sein?«, so wie sie es schon gemacht hat, als du noch zu Hause gewohnt hast und sie unangekündigt in dein Zimmer/Atelier geplatzt kam. Ihr hast du nie eins deiner Gemälde geschenkt. Du hast dich an Parfüm und Schmuck gehalten.

Du fragst deine Therapeutin, ob es unrecht wäre, deine Mutter nicht zur Ausstellung einzuladen. Sie beantwortet deine Frage mit einer Gegenfrage: »Möchten Sie sie denn dabeihaben?«

»Wenn ich ehrlich bin, ist die Antwort Nein.«

»Dann laden Sie sie nicht ein.«

Du schweigst, und nach einem kurzen Augenblick fragt sie: »Was empfinden Sie, wenn Sie mich das sagen hören?«

»Angst.«

»Wovor?«

»Vor allem.«

Ins Bett mit einem Physiker? Du fängst an, vom Sex mit ihm zu träumen, es sind sehr, sehr detaillierte Sexträume. Zum ersten Mal in deinem Leben hast du richtig Lust auf Sex. Zum ersten Mal bist du neugierig auf den Körper eines Mannes, darauf, wie du dich auf und unter ihm fühlen wirst.

Aber dann denkst du an den Sex in der Vergangenheit und daran, wie du jedes Mal in dir selbst verschwinden musstest, um es durchzustehen. Wie du an nichts denken konntest als an deinen Bauch, deine Schenkel, wie du dir die ganze Zeit gewünscht hast, du wärst jemand anders, und überzeugt warst, er wünschte sich das auch. Der Sex war für dich nur eine Möglichkeit, berührt zu werden, ein Mittel zum Zweck. Berührt werden, das war alles, was du wolltest. Aber Männer wollen immer mehr.

Wie jeder Mann wird auch Eric am Ende mehr wollen, mehr als du geben könntest. Und er wird enttäuscht von dir sein und wahrscheinlich sogar wütend, weil du ihm etwas vorgemacht hast.

So schwer ist dir noch nie etwas gefallen: Du löschst seine Nummer wieder aus deinem Handy, aber diesmal blockierst du sie auch.

Ins Bett mit einem Physiker? Vergiss deinen Hometrainer. Wirf die Miederhosen weg, die dir deine Mutter verpasst hat, um deinen Bauch einzuspannen, deinen Po, die Schenkel, deine Freiheit. Gott bewahre, dass da etwas wabbelt. Gott bewahre, dass du weich bist und ungebändigt.

Schlafe nackt.

Das alles ist die Idee deiner Therapeutin. Zuerst bist du skeptisch und sträubst dich. Aber als sie dich bittet, es einfach mal auszuprobieren, denn was kann es schon schaden, da fällt dir kein Gegenargument ein.

Du duschst ausgiebig, heiß und mit viel Schaum, fängst das Wasser mit dem Mund auf, bis es dir aus den Mundwinkeln läuft. Du massierst Lavendelöl in deine noch feuchte Haut, von der Kopfhaut bis zu den Fußsohlen. Es ist Winter, deshalb machst du es dir unter Decken gemütlich und erkundest dich. Benutzt deine Hände, um die Konturen und Kurven deines Körpers zu erforschen, deine Topographie. So, wie er ist, ohne ein Urteil darüber zu fällen. Befriedigst dich, aber langsam, genussvoll, eine Entdeckungsreise. Jeden Morgen und jeden Abend.

An den Wochenenden schläfst du lange. Nach dem Aufstehen bereitest du dir deftige, selbst gekochte Wohlfühlgerichte zu – keine Fertigpackungen, nichts aus der Dose, kein Fast Food. Omelett mit Krebsfleisch und Grünkohl, rote Ofenkartoffeln, Linguine mit Meeresfrüchten, Butternutkürbissuppe mit Ingwer und Kurkuma, karamellisierten Rosenkohl, geröstete Rote Bete mit Ziegenkäse, Kokoscurrys, Beef Wellington.

Du kochst und malst und schläfst und streichelst dich abends in den Schlaf.

Und während sich dein Körper langsam wie ein Zuhause anfühlt, wächst dein Mut. Er panzert dich gegen die Schelte deiner Mutter auf dem Parkplatz vor der Kirche, als du zum ersten Mal als du selbst zum Gottesdienst kommst. Warum trägst du keine Miederhose, will sie wissen, warum ziehst du nicht den Bauch ein, so wie sie es dir vor dreißig Jahren beigebracht hat? Wie kannst du es wagen, so das Haus des Herrn zu betreten? Deine Mutter, die den Kirchgängerinnen von heute ankreidet, dass sich bei ihnen sündig die Höschen abzeichnen, hält dir vor, dass sie dich anders erzogen hat. Und du sagst: »Ich habe keine Lust mehr, die Luft anzuhalten.« Du versprichst ihr, nie wieder so in die Kirche zu kommen. Du hältst Wort, denn du gehst gar nicht mehr in die Kirche.

Ins Bett mit einem Physiker? Du schickst ihm eine Entschuldigung in Form einer der vielen Zeichnungen, die du von ihm angefertigt hast, in einem Silberrahmen. Er antwortet nicht sofort. Damit kannst du leben; du wusstest, welches Risiko du eingehst, indem du einfach so abtauchst. Aber als er sich dann doch meldet, schweigt ihr beide lange ins Telefon, bis du sagst: »Ich musste das machen. Für mich. Zu dem Zeitpunkt hatte ich keine Worte dafür, und ich weiß nicht genau, ob ich sie jetzt finde.«

»Für mich ist es aber wichtig, dass du das formulierst«, sagt er. »Wenn wir uns aufeinander einlassen wollen, musst du es versuchen. Ich verspreche dir, ich werde alles dafür tun, dass du es niemals bereuen musst.«

Du überlegst, wann dir ein Mann zum letzten Mal etwas versprochen hat. Du beschließt, dass es vollkommen egal ist. Dieser Mann verspricht dir jetzt etwas. Das allein zählt.

Ins Bett mit einem Physiker? Am 13. März, dem Abend vor seiner Ankunft, bleibt ihr endlos auf, spielt euch abwechselnd Oldschool-Hip-Hop- und R&B-Videos vor, klopft große Sprüche, wer morgen beim Tanzen ablost, googelt, ob eure Sternzeichen zusammenpassen – du bist Jungfrau, er Wassermann –, alle beide aufgedreht, lachend.

Dann kommt der Pi-Tag. Du gehst duschen, als er zum Flughafen aufbricht. Sobald er in der Luft ist, kommt dir sein Sechs-Stunden-Flug (mit Zwischenlandung) vor wie eine Ewigkeit. Der Gang vom Flugzeug bis zu deinem Auto zieht sich hin wie eine Wallfahrt. Du stellst dir vor, wie er die Klagemauer von Sbarro-Pizza küsst, die Cinnabon-Filiale mit Tränen benetzt, eine Opfergabe zu Füßen von Auntie Anne's Brezelladen ablegt.

Nachdem er sein Gepäck bei dir im Kofferraum verstaut und den Deckel zugeklappt hat, wendet er sich dir zu und sagt: »Endlich.« »Endlich«, erwiderst du. Er nimmt dich in die Arme und küsst dich. Seine Lippen sind so weich, wie du sie dir erträumt hast.

Bei dir zu Hause servierst du Omelett und selbst gemachte Pommes, die er verschlingt. Er hat einen überwältigenden Appetit. Dann überwiegt bei euch beiden das

Adrenalin die Erschöpfung und den Schlafmangel, und du gewinnst euren Tanzcontest um Längen. Dieser Mann tanzt erbärmlich, trotz seiner großen Klappe von gestern.

»Was kriege ich als Preis?«, fragst du.

Eric zieht dich hinunter aufs Sofa und küsst dich wieder. »Ah, eine Win-Win-Situation«, sagst du. »Da, noch ein kleiner Trostpreis.« Ihr küsst euch weiter, und du denkst: *Lieber Gott, lass es immer so bleiben.*

Ihr dämmert beide weg. Irgendwann wachst du auf, sein Kopf in deinem Schoß, dein Hirn im Schnellgang. Du denkst an deine Ausstellung, die morgen eröffnet wird. Du malst dir aus, wie du ihn quer durch die Galerie beobachtest, während er deine Bilder ansieht. Wie du ihn deinen Freundinnen, deinen Kolleginnen und Kollegen, den Schülerinnen und Schülern vorstellst. Und deiner Mutter. Du denkst, selbst wenn es nicht mehr gäbe als heute und morgen, wäre das schon genug. Aber dann hörst du die Stimme deiner Therapeutin, die dich fragt, was du jetzt gerade *fühlst* – und nicht denkst. Erst fällt es dir schwer, die richtigen Wörter zu finden, dann entscheidest du dich für *warm, zuversichtlich, beschwingt, erfüllt.*

Eric streichelt dir über die gerunzelte Stirn, bis dein Gesicht sich entspannt. Du sagst: »Rumi hat geschrieben: ›Liebende finden sich nicht irgendwann irgendwo. Sie waren schon immer verbunden.‹ Glaubst du das auch?«

»Ich weiß nicht«, sagt er und gähnt. »Klingt nach einer reichlich mystischen Sicht auf die Liebe als Schicksal, und an Schicksal glaube ich nicht.«

Das ernüchtert dich ein bisschen. Er soll doch der Eine sein, auf den du gewartet hast, und du willst, dass auch er diese Unausweichlichkeit spürt. Du willst seine Voreinstellung sein, keine Option. Du willst eine neue Religion mit all ihren Verheißungen.

Wie dumm von dir, denkst du, gleich derart vorzupreschen und schon so früh die Songtexte aus den Achtzigern zu bemühen.

Aber dann sagt er: »Vor Kurzem hat das supermassereiche Schwarze Loch im Zentrum der Milchstraße zwei Stunden lang fünfundsiebzig Mal heller als sonst gestrahlt, doppelt so hell wie jemals in den zwanzig Jahren, seit es von den Astronomen beobachtet wird.«

Mittlerweile bist du seine Wissenschaftsanalogien gewöhnt, aber worauf er jetzt hinauswill, ist dir ein Rätsel.

»Eine Theorie besagt«, fährt er fort, »dass die Ursache dafür ein Stern war, der fünfzehn Mal größer ist als die Sonne. Dieser Stern hat sich dem Rand des Schwarzen Lochs genähert und dadurch Gase aufgewirbelt, die die Umgebung aufgeheizt und die Infrarotstrahlung vom Rand her erhöht haben. Aber jetzt pass auf: Wir konnten sein Näherkommen schon etwa ein Jahr beobachten, *bevor* seine Auswirkungen auf das Schwarze Loch sichtbar wurden.«

»Das zeigt, wie gewaltig das Universum ist, wie unfassbar groß die Entfernungen«, sagst du.

»Genau. Entfernung*en,* Plural. Die Entfernung zwischen dem Stern und dem Rand des Schwarzen Lochs und die Entfernung zwischen dem Schwarzen Loch und der Erde. Deshalb … ja, eigentlich will ich mit all dem nur sagen, dass sich das Räderwerk manchmal in Bewegung setzt, lange bevor der erste Funke zu sehen ist. Ist das dasselbe wie Schicksal? Ich weiß es nicht, aber ich weiß, dass seltene, glanzvolle Ereignisse Zeit benötigen.«

Er seufzt. »Nur deshalb bin ich nicht durchgedreht, als du am Anfang meine Nachrichten nicht beantwortet hast. Ich dachte, wenn du gewollt hättest, dass ich dich in Ruhe lasse, hättest du es gesagt. Aber das hast du nicht. Gut, ein bisschen durchgedreht bin ich, als du mich geghostet hast, aber«, er zuckt die Achseln und zieht dich enger an sich, »du hattest wohl deine Gründe.«

Ins Bett mit einem Physiker? Als er dir die Bluse aufknöpft und fragt: »Wollen wir nur dasitzen und hochgelehrte Diskussionen über Rumi und Schwarze Löcher führen, oder ziehen wir uns auch aus?«, antwortest du: »Beides.«

Du stehst auf, steigst aus deinem Rock und dem Slip. »Rumi hat von einer intuitiven Liebe zu Gott geschrieben, und er war Moslem«, sagst du. »Aber die Leute klammern den Islam beim Lesen seines Werks gerne aus.«

Er fährt mit den Händen über deine Schenkel, deine Brüste, deinen freien Bauch.

Ins Bett mit einem Physiker? Mit deinem ganzen Ich, bebend, sinnlich, ohne Angst.

JAEL

Die Frau vom Pastor war todsicher ziemlich flippig, bevor sie auf die Kirche abgefahren ist. Sie hat ganz dunkle Haut und lange, dicke Haare, die sie hochgesteckt unter einem schwarzen Kirchenhut trägt, so einem breiten mit Federn dran. Der Hut ist manchmal auch dunkelblau oder an Ostern weiß. Aber als sie 14 war, wie ich jetzt, wetten, da hatte sie einen großen Afro und enge, ausgestellte Hosen, wie Thelma in *Good Times.* Weil ihre Augen nämlich irgendwie so was Funkelndes haben, nicht diesen frommen Blick. Als würde sie sich an was Lustiges von ganz früher erinnern. Und weil sie immer so ein bisschen lächelt. Wie wenn sie supergeheime Geheimnisse hätte. Und ganz dicke Schwanzlutscherlippen hat sie. Twan sagt, die hab ich auch. Aber Twan kann mich mal. Egal. »Sister Sadie«, so heißt die Frau des Pfarrers bei allen. Bei mir heißt sie »Sweet Sadie«, wie in dem Lied, das bei Kachelles Mama die ganze Zeit lief, als wir klein waren. Auch wenn süß das falsche Wort ist für diese Lady. Sie trägt so superanständige Kostüme, bis oben hin zugeknöpft, wenn sie mit dem steinalten Pastor da oben steht und die Liebesgabe einsammelt. Sweet Sadie ist nicht alt-alt. Ihr Mann ist mindestens 105, sie vielleicht 40, mit einer Figur wie auf den Plattenhüllen im Zimmer von Kachelles Onkel. Ohio Players, Lakeside, The Gap Band, Parliament-Funkadelic. Da waren auch immer solche Frauen drauf, gezeichnet oder in echt, mit dicken Titten, dicken Ärschen und Schwanzlutscherlippen. Sweet Sadie versucht, das alles unter ihren frommen Kostümen zu verstecken. Aber bevor sie an den alten Reverend geraten ist, war sie bestimmt in Cameltoe-Shorts unterwegs. Den Kirchenleuten kann sie vielleicht was vormachen, mir aber nicht. Ich weiß, wie schön sie unter ihren ganzen Kostümen ist. Ich würd sie gern mal ohne sehen.

*

Meine Mutter hat immer gesagt: »Überleg dir gut, nach was du suchst. Nicht, dass du's noch findest.« Aber ich habe nach gar nichts gesucht, als ich neulich in das Zimmer von meiner Urenkelin bin, um ihr Bett neu zu beziehen und die Matratze zu wenden. Überhaupt nicht. Ich wollte nur durchlüften bei ihr, solche Sachen, und zweimal im Jahr wende ich eben die Matratzen, wenn wir auch die Uhren umstellen und die Batterien im Rauchmelder wechseln, das soll man ja. Ich habe also die Matratze gewendet, und da lag ihr Tagebuch. Am Anfang war es gar nicht so arg. Nur wen sie in der Schule alles nicht mag, und wer sie nicht mag. Welche Lehrer unfair sind und welche sie einwickeln kann. Ihre Ausdrucksweise war nicht immer so, wie sie sein sollte. Aber das war nichts gegen die Sachen, die weiter hinten kamen. Unnatürliche Sachen. Sachen, die mir das Herz brechen. Gott ist nicht in diesem Kind, obwohl ich alles getan habe, um sie auf den rechten Weg zu bringen. Einen Weg, auf dem sie auch bleibt, wenn sie älter wird. Aber nach dem, was sie da schreibt, hat sie ihn längst verlassen.

*

Kachelle hat ihm erzählt, wir sind 16. Bei mir ist das noch mehr gelogen als bei ihr. Sie ist vor einer Woche 15 geworden. Ich muss noch sechs Monate warten. Aber wahrscheinlich ist es ihm egal, wie alt wir genau sind. Wir sollen bei ihm vorbeikommen, angeblich zum Krebsessen bei ihm im Garten. Nur wir drei. Kachelle hat gesagt, sie hat irgendwie Bammel. Er ist nämlich 35. Aber sie will hin, weil sie ihn süß findet. Sie sagt, er sieht aus wie Morris Day von The Time. In den ist sie seit *Purple Rain* verliebt. Seit der Film läuft, hat sie mich schon vier Mal reingeschleppt. Ich mag Prince schon auch, aber Kachelle ist voll VERLIEBT in ihn, und in Morris Day auch. Sie sagt, sie steht auf hellhäutige Nigga. Mir ist so was ja ziemlich egal. Jungs sind Jungs. Helle Haut, dunkle Haut. 15, 25, 35. Alle sind sie gleich, und alle kann man sie in der Pfeife rauchen. Aber Kachelle ist eine, die es auf die harte Tour lernen muss. Sie ist ganz aufgeregt wegen diesem Nigga und dem Krebsessen. Zum Strand will er mit uns auch, und das findet sie noch toller, dabei weiß sie ganz genau, dass ich den Strand nicht mag. Ich will bloß mal sein großes Haus von innen sehen. Mir anschauen, was er da drin alles hat.

Sweet Sadie würde ich gerne mal daheim besuchen … aber nur, wenn der alte Rev nicht da ist.

*

Ich weiß nicht, wie ich mit diesem Kind reden soll. Diese Jugendlichen von heute … die sind anders als wir damals. Was kann ich noch zu ihr sagen, ohne dass sie gleich einen Flunsch zieht? Bei der kleinsten Kleinigkeit geht sie hoch. Ich bitte sie, ihre Sachen aufzuräumen, ihr Geschirr wenigstens in die Spüle zu stellen, ihr Bett zu machen, ihre Schmutzwäsche in den Korb zu legen. Und sie verdreht nur die Augen. Tut genervt, wenn ich bloß den Mund aufmache. Stöhnt laut oder stellt sich taub.

Ich weiß nicht mehr, was ich für das Seelenheil dieses Mädchens tun kann, außer es in die Hände des Herrn zu legen. Ich bete für sie. Und wie ich bete.

Jeder neue Eintrag in dem Tagebuch ist schlimmer als der letzte. Wenn ich doch die richtigen Worte wüsste. Ich bete zu Gott, dass er meinen Mund berührt, damit ich sprechen kann; dass er ihre Ohren und ihr Herz und ihr Denken berührt, damit sie hört.

Denn Gott weiß, ich will keinen Frevel unter meinem Dach.

Nein, die Jugendlichen von heute sind anders als wir früher. Wir hatten Respekt vor unseren Eltern. Wir waren nicht frech und pampig. Wir haben gemacht, was man uns gesagt hat, und zwar auf Anhieb. Da hieß es nicht ständig:

»Gleich …« Uns musste man nicht alles zweimal sagen. Und wenn doch, gab's von unserer Mutter ein paar hinter die Löffel.

Aber ich schlage dieses Kind nicht mehr. Ich kann die Male, die ich sie in ihren vierzehn Jahren verprügelt habe, an einer Hand abzählen. Und auch kein anderer hat sie in meinem Haus schlagen dürfen. Zwischen ihrer Mama und ihrem Taugenichts von Daddy flogen oft genug die Fetzen, als sie noch ein ganz kleines Ding war; nur so ist es ja gekommen, dass sie jetzt bei mir wohnt. Ohne Not hätte ich niemals Hand an sie gelegt, aber sie hat einfach so etwas an sich … diese störrische Art zum Beispiel, wenn ihr etwas nicht passt. Sie hat nicht mal dann gespurt, wenn ich eine Rute geflochten hab, als sie noch klein war, und damit ihre dürren, blassen Beinchen bearbeitet hab. Es war, als würde sie gar nichts spüren. Keine Träne hat sie geweint. Einmal, sie war sechs und ich hab ihr die Rute auf die Beine geklatscht, da hat sie mich nur angesehen … mich mit einem Blick angesehen, dass mir das Blut in den Adern gestockt hat und ich zu meiner Bibel gegriffen hab. »Sehet, ich habe euch Macht gegeben, zu treten auf Schlangen und Skorpione, und Macht über alle Gewalt des Feindes; und nichts wird euch schaden.« Lukas 10:19.

Ich bleibe bei meiner Bibel, ich bleibe auf Knien und bete für dieses Kind. Ich danke dem Herrn, dass sie kein Flittchen ist wie diese kleine Freundin von ihr, ständig hinter erwachsenen Männern her. Aber irgendwas stimmt mit ihr trotzdem nicht, so wie sie immer nach der Sonntagsschule mit mir im Gottesdienst sitzt und mittwochabends dann beim Bibelkreis. Jede Woche. Sitzt da und sagt kein Wort. Wenn man sie so ansieht, würde man nicht drauf kommen, so sanft, wie sie schaut. Die Leute denken, sie ist einfach still. Aber in ihrem Herzen, ihrem Geist, ihrem Kopf … das ist nicht Gottes. Da tobt eine Schlacht, o ihr Heiligen! Ich bleibe bei meiner Bibel und auf den Knien als Kämpferin für die Seele dieses Kindes. »Denn wir haben nicht mit Fleisch und Blut zu kämpfen, sondern mit Mächtigen und Gewaltigen, nämlich mit den Herren der Welt, die in dieser Finsternis herrschen, mit den bösen Geistern unter dem Himmel.« Epheser 6:12.

*

Heute hat Sweet Sadie in der Kirche mit mir geredet! Sie hat mich gefragt, wie es mir geht und wie es Granny geht. Ich hab gesagt, uns geht es gut, und es hat mir nicht mal was ausgemacht, dass sie so geschaut hat, wie alle schauen, wenn sie mit dem armen Waisenkind reden. Wie ich diesen Mitleids-Scheiß hasse! Aber bei Sweet Sadie war es okay. Bei ihr hab ich das Gefühl, sie interessiert sich wirklich.

*

Ein Gutes kann ich über sie sagen: Sie lässt sich von den Jungs nichts gefallen, soweit ich das sehe. Die steigen ihr nicht so nach wie damals ihrer Mama und der Mama von ihrer Mama, meiner Tochter, Gott hab sie beide selig. Als ich neulich im Laden war, Kopfwehpulver holen, da haben in der Schlange vor mir zwei Burschen über sie geredet. Entweder haben sie mich nicht gesehen, oder sie wussten nicht, dass ich ihre Granny bin. Jedenfalls sagt der eine zu dem anderen: »Sag mal, stimmt das, dass Jay von irgend so einer Bitch Prügel bezogen hat?«

Sagt der andere: »Nee, Mann, das war Jays kleiner Bruder Twan. Und Prügel nicht direkt, aber es war schon krass. Diese Jael, Mann? Diese Sahneschnitte von drüben an der Perkins? Die hat sie echt nicht mehr alle. Twan sagt, die mischt schon seit der Vierten alle auf, die ihr an den Arsch gehen wollen. Seit Jahren schon, alle Typen hier um den Block. Er meint, sie steht auf Mädchen.«

»Voll die Lesbe, oder wie?«, sagt der andere.

»Ja, voll!« Und dann hat er leiser gesprochen, aber ich habe ihn trotzdem noch gehört. »Ich hab sie auch schon ein paarmal angequatscht. Die sieht nämlich echt super aus.«

Diese Kerle waren um die dreißig, fünfunddreißig. Widerlich.

»Also, an dem Tag steh ich mit Jay und Twan vor dem Laden«, sagt er, »und da kommt sie mit ihrer Freundin die Straße entlang. Twan dachte wohl, wenn wir dabei sind, tut sie ihm nichts.«

»Okay …«

»Also ruft er ihren Namen, aber sie ignoriert ihn. Läuft einfach weiter, und er ihr hinterher, hey, du Lesbe, und grapscht ihr an den Arsch. Und dann hat sie plötzlich eine Flasche in der Hand, voll krass, knallt sie gegen eine Mauer und geht ihm damit an die Gurgel.«

»Die spinnt echt, Alter«, sagte der andere.

Und dann der Erste: »Keine Ahnung, wo die Flasche herkam. Die war plötzlich da, aus dem Nichts. Zugestochen hat sie damit nicht, aber nur weil ihre Freundin – die mit den großen Titten, Lachelle? Kachelle! – wie am Spieß gebrüllt hat: ›Nicht! Nicht wegen dem Idioten!‹ Aber ich sag's dir, die war drauf und dran. Die hat echt einen an der Waffel.«

Genau richtig, Kleine. Lass sie denken, du bist verrückt. Lass sie denken, du magst keine Jungs, auch wenn das in den Augen Gottes unnatürlich ist. Wenigstens lassen sie dich so in Ruhe.

Aber wenn sie nun wirklich verrückt ist?

Es heißt ja, die böse Saat überspringt immer eine Generation. Meine Tochter Timna war genau wie Jael. Hat genauso durch dich durchgeschaut. Ihre beste Freundin, ein nettes, hübsches Mädchen namens Gloria Mae, wurde vom Zug überfahren, und Timna hat keine Träne vergossen. Nicht eine einzige. Die beiden haben sich immer auf den Gleisen rumgetrieben – obwohl ich es ihnen hundert Mal verboten hatte –, und die arme Gloria Mae kam nicht rechtzeitig weg. Sechzehn Jahre alt war sie … der Herr sei ihrer Seele gnädig. Man sollte doch meinen, wer seine Freundin so verliert, wer sie so sterben sieht, der muss traurig sein. Aber nicht Timna. Als wäre nichts geschehen.

Ist einfach Jahr für Jahr durchs Leben geschwebt, völlig in sich gekehrt, bis der Herr sie eines Tages zu sich geholt hat. Im Regen ist sie von ihrer Arbeit bei Woolworth heimgelaufen und vom Blitz getroffen worden mit ihren vierundzwanzig Jahren. Ich hab ihr hundert Mal gesagt, sie soll im Gewitter nicht rausgehen, sie soll sich lieber ein Taxi nehmen, ich zahl es ihr auch, aber sie war stur. Und dann, zehn Jahre nach ihrem Tod, wird Jael geboren und ist genau wie sie.

Jaels Mutter Keturah, die war nicht geschaffen für diese Welt. Mit sechs habe ich sie zu mir genommen, als Timna gestorben war. Ich habe mein Bestes gegeben. Aber am Ende hat sie sich von diesem Nigga, Jaels Daddy, prügeln lassen, bis er sie umgebracht hat. War nicht mal ihr Mann, sondern nur irgend so ein dahergelaufener Nichtsnutz.

Und geblieben ist dieses dicke, hellbraune Baby mit seinem Kopf voller schöner Locken. Die Augen schimmernd wie Knöpfe. Aber genau wie die von meiner Timna haben sie einfach durch mich durchgeschaut. Und genau wie für meine Timna tue ich alles für das Kind, was ich kann. Ich habe ihr die hässliche Geschichte über ihren Daddy verschwiegen, und was mit ihrer Mama passiert ist. Sie hat nie eine andere Mutter als mich gekannt. Und es hat ihr nie an etwas gemangelt.

Mit Keturah und Jael habe ich es so zu machen versucht wie meine Mutter mit uns. Hab versucht, ihnen was beizubringen, zum Beispiel, wie man Reis auf den Punkt kocht oder einen Kuchen glasiert, ohne dass er aufreißt, wie man Wäsche wäscht und zusammenlegt, wie man das Bett macht, wie man sich sauber hält. Keturah hat das Spaß gemacht, sie fand es schön, zu backen und Huhn zu braten und mir in der Küche zu helfen. Sie hat gerne gelacht und mir nie Widerworte gegeben. Sie war ein braves Mädchen. Aber dann kam dieser Nigga daher und hat sie mir weggenommen.

Jael ist anders. Ja, sie kocht und macht sauber und tut, was ich ihr auftrage, meistens jedenfalls. Aber in diesen schimmernden Augen wohnt keine Freude, schon seit sie klein war. Es ist, als wäre ihr Körper an einem Ort und ihr Geist ganz woanders. Das war schon immer so. Jetzt kommt sie manchmal zu mir ins Zimmer und guckt mit mir meine Serien. Sie mag *Schatten der Leidenschaft*. Und am Freitagabend sehen wir manchmal zusammen *Dallas* und *Falcon Crest*. Aber an den meisten anderen Tagen? Da muss ich sie überreden, dass sie sich hinsetzt und mit mir zu Abend isst. Sie lebt in ihrer eigenen Welt und hat mich ausgeschlossen.

Wenigstens lässt sie keinen von den Jungs zu nah an sich ran. Im Gegensatz zu dieser mannstollen kleinen Kachelle. Jael hat nichts am Hut mit diesem hellhäutigen Nigga, diesem »Morris Day«, wie sie sagt, der ständig um die beiden rumscharwenzelt. Solche Typen kenne ich. Herr Jesus Christus, die kenne ich nur zu gut. Bei denen führt eins zum anderen. Sie geben dir das Gefühl, du wärst die Königin von Saba, du wärst die Einzige. Du sagst Nein, und sie machen weiter, als hättest du Ja gesagt.

Unsere Nachbarin von früher, Miss Maybelle, hat immer von ihrer Veranda gerufen: »Fallt nicht rein auf die Jungs!« Verrückte Alte, dachten wir, will uns nur unseren Spaß verderben. Aber sie wusste Bescheid. Sie wusste Bescheid. Und wir haben nicht auf sie gehört. Ich überlege manchmal, wie wohl alles gekommen wäre, wenn ich auf sie gehört hätte. Wahrscheinlich hätte es keine Timna gegeben, keine Keturah, keine Jael. Nur mich auf der Welt. Was ich dann wohl gemacht hätte? Irgendwas eben.

Jael hat jedenfalls kein Wort zu mir gesagt über Twan oder das Krebsessen von diesem Morris Day. Aber sie erzählt mir sowieso nichts. Sie macht nur, was sie will.

*

Kann man Schwänze lutschen und trotzdem errettet werden? Ich frag mich ja nur. Schwänze und Errettetwerden, das interessiert mich beides nicht. Tracy, die um die Ecke wohnt, lutscht die ganze Zeit Schwänze. Aber es gibt nichts, was die nicht macht, deshalb ist sie kein Maßstab. Kachelles Onkel hatte mal eine weiße Freundin, und Kachelle konnte immer sehen, wie sie's ihm hinten auf der Veranda besorgt hat, wenn sie dachten, alle schlafen. Kachelle sagt, Schwanzlutschen ist widerlich und sie würde es nie im Leben machen. Kachelle redet ständig davon, was sie nie im Leben machen würde. Ich habe sie gefragt, ob sie auf Mädchen steht. Vielleicht will sie ja Sachen mit Mädchen anstellen. Sie wurde wütend und meinte, das ist nicht lustig. Ich hab ihr gesagt, dass ich es nicht lustig gemeint habe. Und dass es mir nichts ausmachen würde, wenn sie auf Mädchen steht. Aber sie hat gar nicht zugehört, sondern bloß immer den Kopf geschüttelt und rumgejammert, dass sie ein braves Mädchen ist. Kachelle ist ein totaler Jammerlappen. Wenn ich nicht aufpassen würde, könnte jeder mit ihr machen, was er will. Egal. Heute in der Kirche hat der alte Rev darüber geredet, dass nur der in den Himmel kommt, der errettet wird und den Sünden des Fleisches entsagt. Anscheinend fällt den Erretteten nichts Besseres ein, als übers Errettetwerden zu reden, sich über die Sünde zu beklagen und in der Kirche zu hocken. Aber die Kirche ist sterbenslangweilig, also sehe ich nur Sweet Sadie an und denke an ihren Körper und an ihre geheime Vergangenheit.

*

Der Herr muss mir ein Zeichen geben. Ich will nach seinem Willen handeln. Aber was ist schlimmer? Dass Jael nicht in die Kirche geht oder dass sie in verworfenem Sinn hingeht? Darum ging es diese Woche auch im Bibelkreis: »Und gleichwie sie es für nichts geachtet haben, dass sie Gott erkannten, hat sie Gott dahingegeben in verworfenen Sinn, zu tun, was nicht taugt, voll alles Unrechten, Schlechtigkeit, Habsucht, Bosheit, voll Neides, Mordes, Haders, List, Tücke; Ohrenbläser, Verleumder, Gottesverächter, Frevler, hoffärtig, ruhmredig, auf Böses sinnend, den

Eltern ungehorsam, unvernünftig, treulos, lieblos, unbarmherzig. Sie wissen, dass, die solches tun, nach Gottes Recht des Todes würdig sind; aber sie tun es nicht allein, sondern haben auch Gefallen an denen, die es tun.« Römer 1:28-32.

Haargenau so ist Jael. Voll Haders, List und Tücke. Und ungehorsam! Wer willentlich sündigt, den überlässt Gott früher oder später seinem verworfenen Sinn. Als Diakon Sharpe letzten Mittwoch dieses Bibelwort erklärt hat, habe ich Jael aus dem Augenwinkel heraus beobachtet. Zuerst hatte sie nur ihr Pokerface, aber dann kam dieses ganz kleine Lächeln. Kurz dachte ich, Jesus hätte mein Flehen erhört und in ihrem Herzen ein Wunder bewirkt. Aber dann bin ich ihrem Blick gefolgt. Sie hat Sister Sadie zugelächelt! Genau wie in der Bibel: voll Schlechtigkeit, frevlerisch. Ich konnte es sehen! Aber ich glaube nicht, dass es sonst jemand sehen konnte. Für die anderen sah es wahrscheinlich ganz unschuldig aus, denn sie wissen ja nicht, was ich weiß, all die unaussprechlichen Dinge, die sie in dem Tagebuch über Sister Sadie geschrieben hat.

Genau in dem Moment hat Sister Sadie aufgeblickt und zurückgelächelt. Ich werfe ihr nicht vor, dass sie freundlich und nett zu einem Waisenkind ist. Jesus selbst hat uns befohlen, die Waisen und Witwen zu speisen. Aber ich weiß, meinem Heiland würden die Gedanken dieses speziellen Waisenkinds nicht gefallen.

Gut. Damit war mein Entschluss gefasst. Nächsten Sonntag wecke ich sie nicht zur Kirche, und mit dem Bibelkreis am Mittwochabend ist ab jetzt auch Schluss. In der Greater Holiness Baptist Church soll sie ihre Schlechtigkeit nicht mehr verrichten. Nicht, solange ich atme.

Ich hoffe bloß, der Herr versteht, warum ich sie von seinem Haus fernhalte.

*

Ich mag Morris Day nicht. In echt heißt er Jamie, wie ein Mädchen. Ich weiß gar nicht, was ich schlimmer finde, denn bei »Morris« denke ich immer an diesen wählerischen Kater aus der Fernsehwerbung. Aber irgendwie hat er tatsächlich was von einem Kater, so einem roten Tigerkater. Graue Katzenaugen, Schnurrhaare. Von den Jungs in meiner Stufe haben manche schon dickere Schnurrbärte. Er sieht längst nicht so gut aus wie der echte Morris Day. Außerdem raucht er, deshalb stinkt er aus dem Mund wie die Pest. Sein Haus ist auch nichts Besonderes. Es hat zwei Stockwerke, aber die Zimmer sind mini. Zu einem sagt er Floridazimmer. Für mich sieht es aus wie ein ganz normales Wohnzimmer. Und alles ist vollgestopft mit irgendwelchem Scheiß, der seiner toten Mutter gehört hat. Sie hatte einen scheußlichen Geschmack und hat ständig Katzen getöpfert. Ich hab 50 Scheißkatzen gezählt, bis ich aufgegeben hab. Aber die Krebse waren gut. Ganz scharf und salzig, dicke Stücke, wie ich sie mag. Granny macht miserable Krebse. Wässrig und ohne Geschmack. Da lohnt es sich fast nicht, dass man versucht, an das zähe Fleisch zu kommen. Sie kauft immer die ganz kleinen.

Morris Day/Jamie hat die großen Krebse gekauft, für acht Dollar das Dutzend. Als er sie in den Topf geworfen hat, hat sich Kachelle hinter mir versteckt, als hätte sie Angst. Er hat einen Krebs mit einer Zange genommen und so getan, als würde er damit auf sie losgehen. Sie hat gekreischt und ist nach oben gerannt, Morris/Jamie ihr hinterher, immer noch mit dem Krebs in der Zange. Eigentlich dachte ich, Kachelle würde gleich wieder runterkommen, aber sie kam nicht. Also bin ich hoch. Oben an der Treppe kam der Krebs auf mich zugekrabbelt. Ich habe ihn runter ins Erdgeschoss gekickt. Beim Aufprall hat es geknackt. Als ich mich umgedreht hab, kam Kachelle aus einem Schlafzimmer und hat dämlich gegrinst. Morris/Jamie war direkt hinter ihr, immer noch die blöde Zange in der Hand, schwitzend wie ein Idiot. Und auch, als wir im Garten die Krebse gegessen haben, lief ihm die ganze Zeit der Schweiß runter. Schmierig und widerlich. Und dauernd hat er Witze gerissen, die nicht mal lustig waren. Aber Kachelle hat gelacht, als wäre er Eddie Murphy.

Auf dem Heimweg dachte ich, sie erzählt mir gleich was, aber es kam nichts. Also hab ich gesagt, der schwitzt ja wie ein Schwein und sieht nicht mal gut aus. Außerdem ist sein Haus voller Schrott. Kachelle hat nur die Augen verdreht und gemeint, dass ich ja eh niemanden mag und sie später mit mir redet. Das war vor vier Tagen. Ich hab sie ein paarmal angerufen, aber Miss Debra sagte jedes Mal, sie ist nicht daheim. Und zurückgerufen hat sie auch nicht.

Gestern bin ich den langen Weg vom Laden zurück, quer über das Feld hinter der High School und an Jamies Haus vorbei. Er hat in der Einfahrt seinen Cadillac gewaschen, der eigentlich der Cadillac seiner toten Mutter ist. Im Mund hatte er eine Zigarette hängen, als würde sie jeden Moment runterfallen. Und wie üblich hat er geschwitzt wie ein Schwein, obwohl er ein ärmelloses Unterhemd anhatte. Seine Arme waren weich und bleich. Keine Muskeln zu sehen. Weichei-Nigga. Ich hab so getan, als würd ich ihn nicht sehen, aber er hat mir »Hey, Süße« nachgerufen. Ich hab nicht reagiert und bin weitergegangen. Da hat er gesagt: Du hast gerade deine Freundin verpasst. Eben ist sie weg. Er hat weitergeredet, ich bin weitergelaufen.

Scheiß Kachelle mit ihrem schlechten Männergeschmack.

*

Noch niemals ist mir ein so undankbares Kind untergekommen. An keinem einzigen Tag in ihrem Leben musste sie hungern, nicht in meinem Haus. In einer Pflegefamilie säße sie bestimmt auf keinem so hohen Ross. Und da wäre sie mit Sicherheit gelandet, wenn ich mich nicht erbarmt und sie aufgenommen hätte. Ich habe meine Tochter großgezogen und sie begraben müssen. Und nach ihr meine Enkelin. Damit habe ich doch eigentlich Anspruch auf etwas Ruhe auf dieser Erde und meine Krone im Himmel.

Aber wo hätte sie sonst hingehen sollen? Ich rackere mich ab, um über die Runden zu kommen, und dieses kleine Miststück sagt, meine Krebse sind miserabel?

Gut. Wo auch immer sie sich heute Nachmittag rumtreibt – wenn sie ihren Hintern wieder hierherbewegt, bekommt sie was zu hören. Sie soll sich endlich Arbeit suchen.

*

Kachelle und ich waren mit Jamie am Strand. Ihrem Sugardaddy, so hat sie zu ihm gesagt. Sie hatte einen neuen gelben Badeanzug an, den er ihr gekauft hat. In dem ließ sie sich von ihm in die Luft heben und lachte und schrie, und er warf sie ins Wasser. Immer wieder. Kachelle ist nicht gerade leicht, also ist er wohl stärker, als man es bei diesen Weichei-Armen glauben würde. Dann wurde ihnen das zu langweilig, und Kachelle hat sich auf Jamies Schultern gesetzt, und er ist noch weiter reingewatet. Ich konnte es nicht richtig sehen, aber ich glaube, er hatte die Hände an ihren Schenkeln. Ein paarmal schüttelte sie sich, wahrscheinlich vor Lachen. Sie waren so weit weg, dass ich sie nicht mehr gut hören konnte.

Es war heiß, aber unter dem Sonnenschirm, den Jamie gemietet hatte, ging es. Ich saß auf einer Decke, mit einem *People*-Magazin aus dem 7-Eleven, wo wir noch Limo, Eis, Sonnenblumenkerne und Kartoffelchips besorgt hatten. Ich hatte Kachelle gleich gesagt, dass ich nicht ins

Wasser gehe, weil ich keinen Badeanzug habe. Sie meinte: Geh doch in Shorts rein. Die trocknen wieder. Ich hab nur die Augen verdreht. Sie ist so was von bescheuert. Aber Jamie stand neben ihr und nickte, als wäre sie das klügste Mädchen in der großen weiten Welt.

An dem Bretterweg runter zum Meer war ein Stand, wo es Strandsachen gab. Kachelle griff sich eine weiße Sonnenbrille, gelbe Flip-Flops und ein Riesenhandtuch mit bunten Fischen drauf. Das drückte sie alles Jamie in die Hand, und er bezahlte. Es gab auch Badeanzüge, gleich neben der Kasse. Jamie hat nicht angeboten, mir einen zu kaufen. Nicht, dass ich ihn angenommen hätte.

Irgendwann ging das Wasser Jamie wohl bis zum Hals, denn ich konnte nur noch Kachelle sehen. Es sah aus, als würde sie auf den Wellen sitzen. Dann purzelte sie rückwärts von Jamies Schultern, und beide tauchten unter. Als ihre Köpfe wieder zum Vorschein kamen, waren sie dicht beieinander, und Kachelle hatte die Arme um Jamies Schultern gelegt. Wie hält sie das aus, diesen stinkenden Zigarettenatem von so nahe? Würg. Weil sie unter Wasser waren, konnte ich es nicht erkennen, aber ich wette, sie hatte die Beine um ihn rum. Dann schauten sie beide zu mir her. Ich hielt mir die *People* vors Gesicht.

Die können mich mal.

Lieber träume ich ein bisschen von Sweet Sadie. Bevor sie die Frau vom Pastor wurde, war sie bestimmt ständig am Strand. Hinten auf dem Motorrad von so einem Muskelprotz, der mit ihr dicht am Wasser entlangfährt.

In einem weißen Bikini, der auf ihrer braunen Haut irre gut aussieht. Den Typen stelle ich mir mit dunkler Sonnenbrille und einer Jeansjacke ohne Ärmel vor, bei der man seine Muskeln richtig gut sehen kann. Aber als sie auf meiner Höhe sind, sagt Sadie ihm, er soll anhalten und sie runterlassen. Sie stapft durch den Sand auf mich zu, Hände ausgestreckt. Ich versuche, nicht auf ihre Titten zu starren, die aus dem Bikinioberteil quellen, aber sie merkt es und lacht nur. Sie zieht mich von der Decke hoch und umarmt mich. Sie duftet nach Vanille und Rosen. Sie hält den Arm um mich gelegt, und wir laufen den Strand entlang, immer weiter.

So lange, bis ich das Wasser an den Füßen spüre und einen Satz nach hinten mache.

Ich renne zurück zu der Decke, die ich von zu Hause mitgebracht habe. Sweet Sadie setzt sich neben mich und fragt: Was ist los? Ich erzähle ihr vom Wasser. Dass ich immer die Dusche aufdrehe oder die Badewanne volllaufen lasse, ohne jemals hineinzusteigen, damit Granny denkt, ich bade. Ich wasche mich nur im Waschbecken, Katzenwäsche nennt Granny das. Aber ich werde trotzdem von Kopf bis Fuß sauber. Man muss nur richtig schrubben und den Schaum abspülen. Ich erzähle ihr von dem Tag, an dem meine Mama gestorben ist. Wie ich alles unter Wasser gesehen habe. Alle waren wir unter Wasser: meine Mama, mein Daddy und ich. Wir waren bei uns zu Hause, im Schlafzimmer, und ich lag in meinem Kinderbett. Unter Wasser. Sweet Sadie fragt: Wie kannst du das noch wissen?

Du warst doch ein Baby. Ich antworte: Keine Ahnung. Ich weiß es eben. Und ich habe gesehen, was er gemacht hat. Ich wollte schreien, aber ich hatte Wasser im Mund, und dann war alles schwarz. Granny hat mich angelogen. Sie hat behauptet, sie wären bei einem Autounfall gestorben. Aber als ich 8 war, habe ich belauscht, wie Tante Vashti Granny erzählt hat, jemand hätte ihm im Gefängnis die Kehle durchgeschnitten und ihn ausbluten lassen wie ein Tier. Und ein Tier wär er ja auch gewesen. Dabei hätte er auf sie immer so nett gewirkt, hat sie mit einem traurigen Seufzer gesagt. Granny sagte, sie hätte von Anfang an gewusst, dass er nichts taugt, nur meine Mama hätte es nicht gemerkt, weil sie so verschossen in ihn war …

Ich erinnere mich an sein Gesicht an dem Tag bei uns zu Hause. Verzerrt und böse. Wir waren unter Wasser, aber ich erinnere mich daran.

Sweet Sadie reibt meinen Arm und nennt mich Kleines. Ach, Kleines, sagt sie, du warst nicht unter Wasser. Das waren deine Tränen.

Ich schaute über den Rand der Zeitschrift, und der Tagtraum war vorbei. Jamie kam mit Kachelle auf dem Rücken zurück ans Ufer gestapft. Ihr Kopf lag an seiner Schulter, als ob sie niemals loslassen wollte, auch als sie längst wieder bei mir und dem Sonnenschirm waren.

Auf der Heimfahrt setzte sich Kachelle zu mir nach hinten. Ich war immer noch sauer, weil sie sich auf dem Hinweg nach vorn gesetzt hatte. Jamie rauchte schon wieder eine von seinen verdammten Zigaretten, und ich ließ das Fenster runter und hielt mein Gesicht in den Wind. Plötzlich flüsterte Kachelle superleise meinen Namen. *Was?*, fragte ich sie ganz laut. Sie flüsterte weiter. Ob ich noch wüsste, was sie mir gesagt hat, als sie mich heute früh von Jamie aus angerufen und aufgeweckt hat? Dass wir für den Fall, dass ihre Mama fragt, behaupten sollen, wir hätten gleich um acht den Bus zum Strand genommen?

Dabei hat sie erst mittags um eins noch mal angerufen und gefragt, ob ich mit ihnen an den Strand will.

Ich hab ihr den Rücken zugedreht und getan, als würde ich schlafen.

*

Ich muss endlich den alten Läufer im Wohnzimmer wegwerfen. Eigentlich gehört er schon längst entsorgt. Es gab so ein Theater mit Jael wegen der Jobsache, dass ich über ihn gestolpert sein muss. Ja, so muss es gewesen sein. Irgendwie habe ich das Gleichgewicht verloren. Ich hab mich aufgeregt und dann nur noch gemerkt, wie ich falle, und schon war ich auf allen vieren. Ich muss über die Kante gestolpert sein. Oder es war dieses Vertigo oder wie das heißt. Meine Freundin Alma hat das immer wieder mal. Das muss es gewesen sein.

Ich lag da auf dem Boden, und Jael hat nur auf mich heruntergeschaut. Hat mir nicht aufgeholfen, gar nichts! Und was sie geantwortet hat, als ich sagte, sie soll sich eine Arbeit suchen – nein, ich mag es nicht wiederholen.

Ich bin zum Sofa gekrochen und habe mich hochgezogen. Das Mädchen stand nur da und sah mir zu, wie ich mich abmühe.

Seither verschanzt sie sich in ihrem Zimmer. Ein paarmal ist sie rausgekommen, um sich etwas zu essen zu holen und den Teller abzuspülen, aber das war auch alles.

Ja, ich habe sie angelogen, was ihre Mama und ihren Daddy betrifft. Aber der Herr weiß, ich wollte sie nur beschützen. Er kennt mein Herz.

Vielleicht sollte ich versuchen, mit ihr darüber zu reden, jetzt, wo sie schon größer ist. Aber sie rührt sich nicht aus dem Zimmer. Sie wollte nicht mal Kachelle sprechen, als die angerufen hat. Immer und immer wieder hat sie angerufen, bis sie schließlich vor dem Haus stand. Aber selbst durch die Zimmertür hat Jael nicht mit ihr reden wollen. Also kam Kachelle zu mir und hat mit mir geplaudert, zuckersüß, als könnte sie kein Wässerchen trüben. *Granny D. dies, Granny D. das.* Ich wollte schon sagen: »Wenn ich deine Granny wäre, wärst du nicht so ein Luder geworden.« Aber ich habe zu Jesus gebetet, dass er meine Zunge im Zaum hält, und er hat mich erhört.

*

Kachelle schwört auf Miss Debras Bibel, dass sie und Jamie sich in der ganzen Zeit, bevor wir zum Strand sind, nur geküsst haben, sonst nichts. Ich hab gesagt: Jaja, geküsst, bloß *wohin*? Da wurde sie stinksauer. Nach dem

Tag am Strand hatte ich erst mal keine Lust mehr, mit ihr zu reden. Ich bekam das Gefühl nicht los, dass sie mich anlügt. Und ich habe es dermaßen satt, angelogen zu werden. Aber jetzt vertragen wir uns irgendwie wieder. Ich mach mir eher Sorgen um sie, als dass ich sauer auf sie bin. Aber es macht mich sauer, wenn sie was anstellt, wegen dem ich mir Sorgen machen muss! Mit jemandem befreundet zu sein, der nicht auf sich aufpassen kann, ist echt anstrengend, und ich mag mich nicht mehr dauernd anstrengen müssen. Kachelle behauptet zwar, sie kann selbst auf sich aufpassen. Kann sie aber nicht. Das weiß ich genau. Dafür ist sie nicht geschaffen.

Deshalb hab ich schließlich doch Ja gesagt, als sie mich zum hunderttausendsten Mal bekniet hat, bei ihr zu übernachten. Und dann rief sie ständig Jamie an, während ich dort war. Es ging um die Schulklamotten, die er nächste Woche mit ihr kaufen soll. Ich wollte wissen, wie sie Miss Debra die neuen Sachen erklären will, aber sie hat den Hörer zugehalten und »Pscht!« gezischt. Dann habe ich gefragt, ob sie Jamie wenigstens seinen stinkenden Zigarettenmund putzen lässt, bevor sie sich küssen, und da hat sie das Telefon in den Wandschrank gezerrt und die Tür zugemacht. Da haben sie dann gequatscht, und ich durfte mich selbst bespaßen.

Später lagen wir dann in Kachelles Bett und haben geredet, aber ich habe fast nichts von dem gesagt, was ich denke. Ständig hieß es nur, Jamie hier, Jamie da. Und dass Jungs in ihrem Alter sie nur vögeln wollen, und das, obwohl sie nicht mal gut aussehen. Während Jamie damit zufrieden ist, sie nur zu küssen und Zeit mit ihr zu verbringen und Geld für sie auszugeben. Und dass er sie nie zu irgendwas zwingen würde, was sie nicht will. Ich dachte nur, wie lange das wohl so bleiben wird, dass er sie zu nichts zwingt? Wann wird er sich in jemand anderen verwandeln und ihr wehtun? Aber auch das habe ich für mich behalten.

Dann wollte sie wissen: Warum bist du so still? Bist du eifersüchtig? Und ich: *Auf wen?* Keine Antwort. Also habe *ich sie* etwas gefragt: Glaubst du, den Himmel gibt es wirklich? Sie: Ja klar. Und ich: Ich glaube, der Himmel ist eine Lüge. Da hat sie sich im Bett aufgesetzt und gesagt: Gott wird dich bestrafen, wenn du so redest, Jael! Ich hab nur gelacht und gesagt, Gott ist bloß ein weißer Mann, den sich dumme Nigga ausgedacht haben, wie Santa Claus. Das hat sie gar nicht gern gehört. Sie hat die Arme verschränkt und gesagt: Also, wenn es keinen Gott gibt, dann beantworte mir eine Frage. Wo kommen Leute hin, wenn sie …

Sie konnte das Wort »sterben« nicht mal aussprechen, so feige ist sie. Ich hab nur gelacht und mich weggedreht. Dann haben wir nichts mehr geredet, bis wir eingeschlafen sind.

Am nächsten Abend, auf dem Heimweg, bin ich wieder bei Jamie vorbei. Er stand im Vorgarten und hat mit dem Schlauch seinen Rasen gesprengt. Die Sonne war schon untergegangen, deshalb war es recht kühl, und er hat ausnahmsweise nicht geschwitzt. Hey, Süße, sagte er. Also hab ich auch hey gesagt. Darauf er: Du hast's immer so eilig. Komm doch mal vorbei und besuch mich.

Okay, hab ich gesagt.

*

Es ist alles meine Schuld. Ich habe dem Kind seinen Namen gegeben, aus der Bibel und nach dem Zufallsprinzip, aber ich war es, die ihn ausgesucht hat. Meine Mutter und vor ihr ihre Mutter und vor ihr ihre Mutter, meine Schwestern, meine Tanten und ihre Kinder … alle haben ihren Namen aus der Bibel. Die älteste Frau in der Familie schlägt die große Familienbibel auf und legt den Finger auf die Seite. Der Frauenname, der dem Finger am nächsten ist, ist der Name des Mädchens, das geboren wird. Wir blätterten immer wieder um, legten den Finger auf und suchten, bis wir einen Frauennamen gefunden hatten. Bei uns kamen immer nur Mädchen zur Welt. Sieben Generationen lang nur Mädchen. Wenn ich an Glück glauben würde und wir alle ein besseres Leben gehabt hätten, würde ich sagen, die Sieben ist unsere Glückszahl. Trotzdem spiele ich manchmal ein paar Siebener im Lotto. Nur ab und an, nicht regelmäßig. Denn vielleicht ist die Sieben eine Botschaft von Gott. Die Leute sagen gern: »Gott wirket oft geheimnisvoll die Wunder seiner Macht.« Aber das ist kein Bibelwort. Das ist ein Lied. In Römer 11:33 heißt es: »O welch eine

Tiefe des Reichtums, beides, der Weisheit und Erkenntnis Gottes! Wie gar unbegreiflich sind seine Gerichte und unerforschlich seine Wege!«

Auf die Siebener zu setzen hat mich schon ein paarmal über Wasser gehalten. Der Herr kann deswegen nicht böse sein. Sieben Generationen. Dorcas 1871. Adah 1890. Adahs fünf Töchter: Chloe, Mara, Shelomith, Salome und 1906 meine Mutter Matred. Damaris, 1922 dann ich, und danach meine jüngeren Schwestern Vashti, Euodia und Cozbi. 1937 Timna, meine Tochter. Jaels Mutter Keturah 1955. Und ein Haufen Nichten, Großnichten und Cousinen, die ich vergessen habe. Früher, da hab ich die Namen von uns allen gewusst.

Und eben sie, Jael. Mein Finger ist genau auf dem Namen gelandet. Sonst musste ich immer erst auf der Seite suchen, bis ich zu einem Mädchennamen kam, oder auf einer anderen Seite neu anfangen. Aber bei ihr bin ich genau auf dem Namen gelandet. Ich war so froh, ich dachte, das ist ein Zeichen, dass dieses Kind gesegnet ist. Dass es anders werden wird. Ich habe die Geschichte von Jael in der Bibel damals gar nicht gelesen, erst viel später.

Wenn ich sie gelesen hätte, hätte ich vielleicht einen anderen Namen gewählt. Wahrscheinlich aber nicht. Wer bin ich, dass ich mich gegen eine Tradition von sechs Generationen stelle? Um die Geschichten hinter den Namen ging es bei uns nie. Der Name, bei dem der Finger landete, wurde der Name, den das Mädchen bekam.

Als Jael in die Schule kam, haben die Kinder im Schulbus sie gehänselt. »Jeil ist geil«, riefen sie, allen voran dieser Twan. Er ist einer von Verdine Russells ungezogenen Enkeln. Er lief ihr von der Bushaltestelle bis zu uns nach, und ich konnte ihn vor dem Haus rufen hören: »Jeil ist geil! Jeil ist geil!« und die anderen Kinder haben gelacht und mitgemacht. Obwohl diese Kachelle ihnen immer wieder erklärt hat: »Es heißt JAH-ell.« Sie haben trotzdem weitergemacht. Aber Jael hat gar nicht auf sie geachtet. Damals dachte ich, sie tut gut daran, sie einfach zu ignorieren und den Herrn walten zu lassen, so wie ich es ihr geraten hatte. Aber jetzt weiß ich, dass diese Hänseleien nur die schlechte Saat gewässert haben, die in ihr gepflanzt war.

Zur Namensfindung haben wir uns immer alle getroffen. Meine Mutter und ihre Mutter, als sie noch lebten, meine Schwestern und ich, unsere Kinder, dann deren Kinder und so fort. Wir haben gekocht und gegessen. Wir haben zum Gottvater gebetet, dass er die Mutter und das ungeborene Mädchen segnet. Wir haben gelacht und uns Geschichten erzählt. Und immer hat jemand, meistens irgendein Mann, der gerade dabei war, gefragt: »Aber was ist, wenn es ein Junge wird?« Da haben wir nur noch mehr gelacht.

Selbst wenn wir am Tag zuvor noch gestritten oder diskutiert oder uns übereinander aufgeregt hatten, die Tradition hat uns wieder zusammengeführt. Wir hielten die Tradition in Ehren. Woran sollten wir sonst festhalten? Fünf Generationen von uns waren noch am Leben, als

Jael geboren wurde, denn wir haben unsere Kinder jung bekommen, mit fünfzehn, sechzehn, siebzehn, achtzehn, neunzehn. Das ist weder ein Grund, sich zu schämen, noch ein Grund, stolz zu sein. Es war einfach so. Eine Familie aus lauter Frauen; mit den Männern ist es uns nie gut ergangen. Die guten Männer sind jung gestorben, und die schlimmen sind so lange geblieben, bis man sich wünschte, sie wären tot, Gott vergebe mir.

Vor ein paar Jahren kamen Leute vom Fernsehen, um über unser Familientreffen zu berichten. Der Beitrag wurde landesweit gezeigt. Aber jetzt sind meine Mutter, meine Tanten, meine Schwestern, meine Tochter, Jaels Mutter … alle sind tot, bis auf meine kleine Schwester Vashti, ein paar Cousinen und die Nichten und Großnichten. Ihre Kinder haben wahrscheinlich x-beliebige Namen, denn ich höre gar nichts von ihnen. Vielleicht sind sogar ein paar Söhne dabei. Wer weiß?

Jael war die Letzte, deren Namen ich ausgesucht habe. Und sie ist das Kreuz, das ich tragen muss.

Ich habe auch all denen Namen gegeben, die ich nicht geboren habe, weil ich diesen Tee getrunken habe, der sie weggemacht hat, Herr Jesus, vergib mir. Anah. Shimeath. Ruth. Baara.

*

Ganz so eklig, wie ich dachte, hat Stinkmaul gar nicht geschmeckt. Oder es hat mir weniger ausgemacht, weil ich andere Sachen im Kopf hatte. Und weil ich wusste, am Ende zahlt es sich aus. Nur von dem Zigarettenqualm, den er mir die ganze Zeit ins Gesicht geblasen hat, musste ich beinah würgen. Habe ich aber nicht. Ich hab einfach gelächelt, durch den Rauch hindurch.

Wir haben uns also geküsst, auf der Couch. Dann meinte Jamie, es wird jetzt dunkel und ich soll besser gehen, bevor sich Granny noch Sorgen macht. Außerdem müsste er um drei Uhr morgens aufstehen und zur Arbeit in der Sunbeam-Brotfabrik. Aber ich sagte, Granny wäre noch mindestens eine Stunde im Bibelkreis. Und wir könnten mehr machen als uns nur küssen. Er fragte, ob ich schon mal mehr gemacht hätte, mit jemand anderem. Ich hab Nein gesagt, und das ist auch die Wahrheit. Jamie wollte wissen, ob ich es Kachelle erzählen würde. Ich sagte, von meinen Privatangelegenheiten erzähle ich ihr nichts. Er lächelte ein ganz kleines bisschen, als würde er sich sehr über diese Antwort freuen, es aber nicht zeigen wollen. Das sagte ich ihm. Er lachte und meinte: Dir entgeht aber auch gar nichts.

Dann drückte er mich zurück auf die Couch. Ich fragte ihn, ob er einen Gummi hat. Er guckte ganz enttäuscht, aber er sagte Ja und stand auf. Also hab ich ihm gesagt, er soll sich auch gleich noch die Zähne putzen. Er lachte: Du bist mir vielleicht eine.

Als er mit geputzten Zähnen und dem Gummi zurückkam, stand ich schon draußen im Vorgarten. Es war dunkel und still dort. Jamie kam raus und fragte mich: Was ist los? Er sagte es nicht böse. Eher flüsternd. Nichts, sagte ich, ich hätte es mir nur anders überlegt und wollte doch lieber nach Hause. Er nickte ganz langsam und sagte okay, ich könnte jederzeit gerne wiederkommen.

Auf dem Heimweg schienen alle Gedanken in meinem Kopf um die Wette zu rasen. Ich konnte keinen einzigen zu Ende denken. Als ich schließlich in meine Straße einbog, hatte ein Gedanke gewonnen: Sweet Sadie. Ich habe sie schon ewig nicht mehr gesehen – seit Granny ohne mich in die Kirche geht, nicht mehr. Aber ich denke viel an sie, und sie fehlt mir.

*

Ich habe nichts mitbekommen. Die letzten Wochen habe ich nicht sonderlich gut geschlafen, deshalb hatte ich eine Tablette genommen, sobald ich vom Bibelkreis zurück war, und die hat sofort gewirkt. Aber Barbara von nebenan sagt, sie hat es gehört; aus dem Tiefschlaf hat es sie gerissen, heute Morgen kurz nach drei. Ein Mordsknall, sagte sie. Sie hat es für Donner gehalten, sich wieder umgedreht und weitergeschlafen. Aber dann heulten schon die Sirenen.

Ein Gasleck, sagte die Polizei, vom Herd. Heute Morgen kam es in den Nachrichten. Er hieß Jamie McWhite, aber ein Bild haben sie nicht gebracht. Meine Mutter war mal mit einer Familie McWhite befreundet, ganz früher, als ich noch ein kleines Mädchen war. Barbara sagt, er war der Hellhäutige, der immer mit dem weißen Cadillac rumfuhr. Seine Mutter – Gott hab sie selig – hieß Porter mit Nachnamen, und es war ihr Haus, in dem er gewohnt hat. Ganz dunkel erinnere ich mich an sie, aber ich wusste nicht, dass sie Kinder hatte. Barbara sagt, Jamie ist bei seinem Daddy aufgewachsen, auf der anderen Seite der Stadt. Deshalb kannte ich ihn nicht. Aber Barbara kennt eine Frau, die in derselben Straße wohnt wie er, und die hat Barbara erzählt, immer wenn sie ihn gesehen hat, hatte er eine Zigarette im Mund. Und Zigaretten und Gas gehen nicht gut zusammen. Zum Glück war es eine Sackgasse, und das Nachbargrundstück war unbebaut. Barbara sagt, die Häuser hinter seinem sind leicht beschädigt worden, aber in den Nachrichten hieß es, weitere Todesopfer wären nicht zu beklagen.

Jael hat heute Morgen etwas gemacht, das sie seit Jahren nicht mehr gemacht hat. Sie ist zu mir ins Bett gekrochen und wieder eingeschlafen.

Nicht viel später rief diese Kachelle an, ganz aufgelöst, und wollte Jael sprechen. Immer wieder. Aber Jael hat jedes Mal den Kopf geschüttelt, wenn ich ihr das Telefon geben wollte. Als das kleine Luder ungefähr zum zehnten Mal anrief, habe ich nur gesagt: »Gott straft den Sünder«, und wieder aufgelegt. Ab dann war Ruhe.

Aber ich will ja auch mit Jael reden. Ich weiß immer noch nicht, was ich zu ihr sagen soll. Das Mädchen dachte, es tut das Richtige. Ja, er war wirklich ein durch und durch verderbter Mann. Aber in der Bibel steht klipp und klar:

»Du sollst nicht töten«, und »Mein ist die Rache, spricht der Herr«. Und was, wenn die Frau, die Barbara kennt, Jael gestern gesehen hat? Was, wenn sie es der Polizei meldet?

Vielleicht kann Jael der Polizei erzählen, wie er sich an sie und diese Kachelle herangemacht hat. Dann würden die Leute doch sicher verstehen, was er für ein Mensch war.

Aber wenn nicht? Wenn sie behaupten, Jael ist ein Flittchen, das …?

Herr Jesus, gib mir die rechten Worte für dieses Kind und gib ihm Ohren zu hören!

Und wache über mich, Gottvater.

*

Nächsten Sonntag stelle ich mir den Wecker und gehe mit Granny in die Kirche. Ich will Sister Sadie wiedersehen. In echt und nicht nur in meinen Träumen.

Granny sagt immer: Nicht jedes geschlossene Auge schläft. Genau so bin ich. Ich erzähle nicht alles, was ich weiß. Manches behalte ich für mich. Manchmal für immer, manchmal, bis die richtige Zeit da ist. Die anderen sollen ruhig denken, ich weiß nicht, was abgeht. Und dann, wenn sie am wenigsten damit rechnen … schlage ich zu.

Aber so muss es nicht laufen. Solange die Leute den Mund halten, mich in Ruhe lassen und sich um ihren Kram kümmern, muss es absolut nicht so laufen.

*

Gepriesen sei unter den Frauen Jael,
das Weib Hebers, des Keniters;
gepriesen sei sie im Zelt unter den Frauen.
Milch gab sie, da er Wasser forderte,
Sahne reichte sie dar in einer herrlichen Schale.
Sie griff mit ihrer Hand den Pflock
und mit ihrer Rechten den Schmiedehammer
und zerschlug Siseras Haupt
und zermalmte und durchbohrte seine Schläfe.
Zu ihren Füßen krümmte er sich, fiel nieder und legte sich;
er krümmte sich, fiel nieder zu ihren Füßen;
wie er sich krümmte, so lag er verderbt.

Deboras Siegeslied, Richter 5:24-27

LEITFADEN FÜR GUT CHRISTLICHE EHEBRECHER

GRUNDLAGEN

Ihr, die gegängelten Männer frommer, patenter Frauen, seid besonders leichte Beute. Fällig, ohne dass ich groß etwas dazutun müsste. Ein butterweiches, leises Lachen, wenn du versuchst, witzig zu sein, Augenkontakt, einen Tick zu lange, aber so dezent, dass du dich fragst, ob du es dir nicht vielleicht nur eingebildet hast. Vielleicht war es ja eine reine Wunschvorstellung von dir, dass ich mich näher zu dir gebeugt habe, sooft du etwas gesagt hast, dass mich deine Monologe über Fantasy Football oder übers Grillen nicht nur interessiert, sondern auch gefesselt haben. Oder reicht es schon, dass dich eine Frau zur Abwechslung mal wie einen Mann behandelt statt wie eines ihrer Kinder?

Vielleicht willst du, bei aller Frustration, im Grunde gar nicht fremdgehen. Vielleicht ist es dein erstes Mal. Und du hast dir nicht vorgestellt, dass es jemand wie ich sein würde – mit dunklem Teint und kurzen krausen Locken. Ein ganz anderer Typ als deine Frau. Aber meine Augen, meine Lippen, meine Zähne, mein Lächeln, mein Hirn, meine Brüste, mein bereitwilliges Lachen haben dich gekriegt. Ich kann verstehen, dass du eine Erklärung dafür liefern willst, warum du dich mit einer Frau wie mir einlässt, Gründe, warum ich dich anmache.

Warum machst du mich an? Weil du mich begehrst, obwohl so vieles dagegenspricht. *Das* macht mich an. Dein Hunger, deine Bedürftigkeit machen mich an. Es ist mir egal, warum deine Frau dich nicht richtig fickt; einfach zu wissen, dass sie es nicht tut, ist befriedigend genug. Das Risiko liegt ganz bei dir, aber ich stürze mich mit dir hinein. Tiefes Wasser hat mich schon immer verlockt.

PARKEN
In meinem Viertel kann man das Auto an der Straße abstellen. Am besten parkst du mindestens einen Block entfernt. Das nahe gelegene Ladenzentrum bietet ein bequemes Alibi.

SOZIALE MEDIEN UND TECHNOLOGIE
Facebook: Poste weiterhin Bibel-Memes über Gottes Treue und Jesus-dein-Ein-und-Alles, falls du zu so etwas neigst. Wenn nicht, fang nicht jetzt damit an. Siehe auch »Deine Religion«.

Weil wir in einer Kleinstadt leben, zeigt mich Facebook womöglich als »Person, die du kennen könntest« an. Es versteht sich hoffentlich von selbst, dass du das wegklickst.

Poste ein Bild von deiner Frau unter Woman Crush Wednesday #wcw, aber vergiss nicht dazuzuschreiben, dass sie natürlich an jedem Tag der Woche deine Flamme ist. Lade auch Bilder von euch zweien an eurem Hochzeitstag, ihrem Geburtstag und zu beliebigen anderen Gelegenheiten hoch, einfach um zu sagen, wie wunderbar du sie findest. Als Profilbild solltest du eine Aufnahme von euch beiden wählen.

Kommunikation: Wir tauschen keine Telefonnummern aus. Wir kommunizieren ausschließlich über die App, die ich dir genannt habe.

Dein Handy: Sperre es. Stelle es so ein, dass ein Zahlencode oder ein Entsperrmuster verlangt wird.

Fotos: Schicke mir keine. Bitte mich nicht um welche.

Anm.: Wenn du erwischt werden willst, was manche von euch tun, weil sie nicht den Mut haben, ihre Ehe selbst zu beenden, ignoriere diese Vorsichtsmaßnahmen. Vgl. auch »Dein Gewissen«.

ÜBER MICH

Je weniger du weißt, umso besser. Das gilt umgekehrt auch. Grenzen sind essenziell. Folgendes kann ich dir aber sagen:

Ich habe keine Kinder und war nie verheiratet. Mein Leben gehört mir. Ich bin Inhaberin einer Bäckerei, wahrscheinlich haben wir uns dort kennengelernt. Vielleicht habe ich deine Hochzeitstorte oder die Geburtstagstorte für deine Tochter gebacken. Ich mache den besten Pfirsich-Cobbler der Stadt.

Ich musste meine ganze Kindheit hindurch zusehen, wie meine Mutter die Krümel und Reste vom Tisch einer anderen Frau aß. Ich habe mir geschworen, das nie zu machen. Stattdessen lade ich mir jetzt den Teller randvoll und lecke ihn auch noch ab.

GESUNDHEIT UND WOHLBEFINDEN

Lege mir das *Original* eines STI-Tests vor, der nicht älter als maximal dreißig Tage ist. Ausnahmen gibt es nicht. Nein, auch dann nicht, wenn du seit Jahrzehnten mit niemand anderem als deiner Frau zusammen warst. Hab Verständnis dafür, dass mir dein Wort allein nicht genügt. Es gibt keine Ehre unter Dieben. Oder wie auch immer du uns bezeichnen willst.

Wenn du es nicht schaffst, einen Testtermin zu vereinbaren, hast du es auch nicht verdient zu vögeln.

Du benutzt immer ein Kondom. Das ist nicht verhandelbar. Wenn du mit einem Kondom keinen hochkriegst, geh nach Hause zu deiner Frau.

Anm.: Meine Babyfabrik wurde chirurgisch geschlossen, und zwar schon vor einiger Zeit. In dieser Hinsicht besteht kein Grund zur Sorge.

DEINE RELIGION
Unterrichte unbedingt weiter in der Sonntagsschule, leite weiter die Pfadfindergruppe, bleib im Kirchenvorstand.

Wenn dich Schuldgefühle übermannen, komm bloß nicht auf die Idee, mir das Evangelium zu predigen oder mich in die Kirche einzuladen. Komm mir nicht mit Buße und Reue, denn ich bereue nichts.

Du kannst meine Seele nicht retten, weil sie nicht in Gefahr ist.

DEINE FRAU
Mach sie vor mir nicht schlecht. Ich will nicht hören, dass sie beim Sex nur daliegt wie ein toter Fisch oder dich vor anderen Leuten in deiner Mannesehre kränkt. Als Nächstes kommst du mit Rechtfertigungen dafür, dass du hier bist, und so etwas ist bei mir nicht erlaubt.

Du kennst *sie,* aber ich kenne die Frauen. Du gehst davon aus, dass sie wütend oder enttäuscht wäre, wenn sie erfährt, dass du sie betrügst. Es überrascht dich vielleicht, aber manche Ehefrauen sind im Gegenteil erleichtert. Deine Frau findet es wahrscheinlich herrlich ruhig und angenehm, wenn du deine Bedürfnisse anderswo befriedigst. Eventuell hat sie sogar Lust auf Sex, nur nicht mit dir, nicht mehr. Vielleicht solltet ihr bei einer Eheberatung nach den Gründen dafür suchen. Siehe auch »Therapie«.

GELD

Geschenke sind gerne gesehen, aber biete mir kein Geld an und versuche auch nicht, meine Rechnungen zu übernehmen. Ich bin keine Sexarbeiterin.

SEX

Spanking ist in Ordnung, und Reizwäsche darfst du mir auch anziehen. Ich finde so etwas langweilig und furchtbar unoriginell, aber ich mache mit. Siehe auch »Fantasien«.

Ich komme schnell und mehrfach. Du musst wissen, dass dies sehr wenig mit deiner sexuellen Leistungsfähigkeit zu tun hat. Körperliche Erregung ist einfach; ich sehne mich nach mentaler und intellektueller Stimulation. Dringe in meinen Kopf ein. Überrasche mich. Fordere mich heraus.

Ich bin nicht übermäßig an deinem Schwanz interessiert, obwohl er schon wichtig ist. Ich mag Hände. Hände mag ich wirklich, wirklich sehr. Je größer, desto besser. Ich will gehalten, gestreichelt, umschlossen und angepackt werden.

Ich mag auch Lippen und Zungen und Küssen. Tiefe, leidenschaftliche Küsse, und Bisse. Ich komme, wenn du mich richtig küsst. Wenn du meine geheime Stelle entdeckst und mich dort küsst und auf genau die richtige Weise berührst, dann schwemmt es uns alle beide weg.

Anm.: Weißt du, was deine Frau mag und was sie nicht mag? Das solltest du.

DEIN GEWISSEN

Falls du beschließt, deiner Frau alles zu beichten, sorge dafür, dass sie nicht zu mir kommt. Sie würde es bereuen. Unsere Abmachung ist nicht bindend; wenn du gehen willst, geh. Aber lade deine Probleme nicht bei mir ab.

Und wenn du hier bist, trödle nicht herum. Ich hasse Small Talk. Lass deine Ängste vor der Tür. Tu's oder lass es bleiben; einen Probelauf gibt es nicht.

Siehe auch »Therapie«.

DROGEN

Komm nicht zu mir, wenn du irgendetwas genommen hast. Ich erwarte von dir, dass du jederzeit Herr deiner selbst bist und die Verantwortung für deine sämtlichen Handlungen trägst.

Und bitte mich nicht, dir Drogen zu beschaffen. Nicht mal Gras. Frage deinen Cousin, von dem alle in deiner Familie wünschen, er wäre mehr so wie du.

REISEN
Mit genügend Vorlauf und auf deine Kosten ist gemeinsames Verreisen durchaus drin.

THERAPIE
Ich bin nicht deine Therapeutin. Ich will weder von deiner Versagensangst hören noch von deinen Unzulänglichkeitsgefühlen, deinen Kindheitstraumata, deinem Midlife-Frust, deinen Kindern oder deinen Problemen im Job. Das bewahrt uns beide vor unerwünschten Emotionen, und vor allem bewahrt es mich davor, den gleichen Unmut über dich zu entwickeln wie deine Frau.

WENN DU ANKOMMST
Leg deinen Ehering auf meinen Nachttisch. Deine Hände dürfen gepflegt sein, mit perfekt gefeilten Nägeln. Oder trocken und rissig von der Kälte, mangelnder Pflege oder beidem. Aber groß müssen sie sein, und dein Griff immer fest und aggressiv.

Nimm deine Manschettenknöpfe heraus und knöpfe dein Hemd mit dem Monogramm auf. Streif dir das Sweatshirt deiner Universität oder Verbindung über den Kopf. Zieh das gestreifte Polohemd aus, das dir deine Kinder zum Vatertag geschenkt haben.

Zieh dein Unterhemd aus. Deine Brust darf behaart oder glatt sein; wie und wo du dich rasierst oder nicht rasierst, ist deine Sache. Deine Bauchmuskeln können straff und trainiert sein, aber du kannst genauso gern einen Dad Bod haben, weich und rundlich an Stellen, die früher straff waren. Dein Bauch darf auch die Geschichte von dem Cognac, Gin oder den Bieren erzählen, die du jeden Abend trinkst, um zu vergessen. Oder dich zu erinnern.

Schlüpf aus deinen Cole-Haan-Loafern oder deinen Adidas-Turnschuhen. Zieh dir die Socken aus. Oder lass sie an.

Wirf deine Jeans, Jogginghose oder maßgeschneiderte Armani-Anzughose über die Stuhllehne, ans Fußende meines Betts oder auf den Boden.

Steig aus deinen Boxershorts oder Boxer-Briefs. (Wenn du Feinripp trägst, musst du an diesem Punkt leider gehen.) Zeig mir, dass du bereit für mich bist oder dass du noch nicht bereit bist und ich dir behilflich sein soll.

Stell dein Telefon stumm oder auch nicht.

Unabhängig davon, welche der obigen Optionen du gewählt hast – die Mahnung daran, dass du nicht hierhergehörst, wirst du ablegen. Dein Ehering muss die ganze Zeit über sichtbar auf meinem Nachttisch liegen. Er ist dein Rettungsanker. Er wird dich daran hindern, länger als nur ein paar Stunden mit mir davonzutreiben.

VORSPIEL

Ich gehe davon aus, dass Sex mit deiner Frau ein sorgsam arrangierter Anlass ist, der aufwendig vorbereitet sein muss, fast wie eine OP. Sie erwartet Schmeicheleien, Komplimente, Massagen und andere romantische Gesten, die sie in Stimmung für Sex mit dir bringen sollen. Ich brauche nichts davon. Ich lebe mit Männern wie dir meine Begierden und Triebe aus.

FANTASIEN

Wir alle haben eine dunkle Seite. Ich lade dich ein, die deine mit mir zu erkunden. Ich werde dich für nichts verurteilen oder auslachen, und selbstverständlich sind sämtliche deiner Geheimnisse bei mir sicher. Wenn du mir etwas vorschlägst, worauf ich nicht eingehen kann, sage ich einfach Nein, und wir erwähnen es nie mehr.

Manche Fantasien sind nicht dunkel. Sie … sind einfach da. Für sie gelten dieselben Regeln. Keine Verurteilung, keine Scham. Rollenspiele eignen sich gut, um herauszufinden, was man mag. Ich habe ein paar Spezialvorlieben, die ich dir auf Anfrage gern zeigen kann.

GEFÜHLE

So leid mir das für dein Ego tut: Guter Sex führt nicht dazu, dass ich etwas für dich empfinde. Falls du anfängst, etwas für mich zu empfinden, denk dir nichts dabei, das vergeht wieder.

Unter gar keinen Umständen solltest du auch nur erwägen, meinetwegen deine Ehe zu beenden. Beende sie, wenn du willst, aber nicht meinetwegen. Ich stehe nicht in den Startlöchern und warte darauf, dass du endlich solo bist. Vergiss nicht: Meine Interesse an dir beruht auf deinem Hunger und der Tatsache, dass du tabu bist. Mach mir das nicht kaputt, indem du dich benimmst wie ein liebeskranker Teenager.

Anm.: Sollte ich mich in dich verlieben, merkst du das daran, dass ich nicht mehr auf deine Nachrichten antworte. Das ist für alle Beteiligten besser so.

Auch wenn diese Anweisungen vielleicht etwas streng klingen, ich mag dich und kann es gar nicht erwarten, dich zu bumsen. Wenn es anders wäre, wenn ich beim Gedanken an dich kein feuchtes Höschen bekäme, wären wir nicht hier.

WENN DU GEHST

Wenn du gehst, wirst du mehr als befriedigt sein. Ich werde jedes Zusammensein mit dir so zelebrieren, als wäre es unser letztes. Bei Männern wie euch ist vieles unwägbar, das habe ich gelernt.

Dusch oder lass es bleiben. Sammle deine Sachen zusammen. Lass nichts liegen. Nimm deinen Ring und steck ihn dir an. Geh vorsichtig, bis du wieder auf trockenem Land bist.

HEUTE KOMMT EDDIE LEVERT

»Heute ist es so weit«, verkündete Mama wie jeden Tag, wenn Tochter mit dem Frühstückstablett zu ihr ins Zimmer kam.

»Guten Morgen, Mama.« Tochter stellte das Tablett auf die Polsterbank vor Mamas Toilettentisch. Sie blinzelte in die Morgensonne, die durch die dünnen Vorhänge schien. Mamas Toilettentisch stand voll mit Puderdöschen und Parfümflakons, alle seit Monaten unberührt.

Wortlos drängte sich Mama an Tochter vorbei. Aus einer Schublade ihrer Chiffarobe nahm sie eine kurzärmlige Bluse mit dunkelblauen und weißen Streifen. Sie trug sie zum Bett, legte sie auf einen hellblauen Baumwollrock mit Gummizug und strich beide Kleidungsstücke mit den Händen glatt, als würde sie bügeln. Dann runzelte sie die Stirn.

»Wo sind meine ganzen schönen Sachen hin?«, fragte sie Tochter, den Raum, die Luft. »Meine schönen Wickelkleider und meine Bleistiftröcke? Ich will mich möglichst hübsch für ihn machen. Heute kommt er nämlich. Wo sind meine schicken Chiffonblusen und die Hosenanzüge? Haben Sie sie gesehen? Haben Sie sie aus meinem Schrank genommen? Bestehlen Sie mich?«

»Nein, Mama«, sagte Tochter.

»Ich habe das alles mit meinem Angestelltenrabatt bei Marshall Field's gekauft. Sie haben kein Recht, es mir wegzunehmen.«

Tochter erinnerte Mama nicht daran, dass es Marshall Field's nicht mehr gab und sie schon seit den Achtzigern nicht mehr dort arbeitete. Stattdessen führte sie sie sachte vom Bett weg und zu ihrem Lehnsessel, damit sie essen konnte. Mama hatte immer noch einen gesunden Appetit. Der Doktor sagte, das sei ein gutes Zeichen, wenn man so wolle.

Mama plauderte weiter, während sie Butter auf ihren Toast strich und Ketchup über die Eier schüttete, eine Angewohnheit, die Tochter ekelhaft fand, obwohl sie sowohl Ketchup als auch Eier mochte.

»Heute kommt er«, sagte Mama kauend. Ketchuptröpfchen sprenkelten die weiße Schleife vorne an ihrem Nachthemd. Der Anblick ärgerte Tochter über Gebühr; sie würde die Stelle vor dem Waschen mit Fleckenentferner behandeln müssen. Schnell verärgert und stets bemüht, Ordnung ins Chaos zu bringen – sie war ganz die Tochter ihrer Mutter, also der Mutter vor dieser jetzigen Mutter. In mancherlei Hinsicht war Tochter die jetzige Mutter lieber. In ihrer Vergesslichkeit war Mama – trotz der Diebstahlsvorwürfe – sanftmütiger und machte es ihr nicht mehr so schwer.

Mama tupfte sich den Mund mit Küchenkrepp ab. »Köstlich. Vielen Dank«, sagte sie in Tochters Richtung.

»Gern geschehen, Mama.« An solche Höflichkeiten war Tochter immer noch nicht recht gewöhnt. Sie ging zur Tür. Der erste Hausbesichtigungstermin des Tages stand an; die Pflegerin würde sie gleich ablösen.

»Sie können das Tablett schon mitnehmen«, rief ihr Mama nach. »Ich muss mich fertig machen. Er wird jeden Moment da sein. Sagen Sie mir Bescheid, wenn er vor der Tür steht, hören Sie?«

Tochter hörte, blieb aber schweigend mit dem Rücken zu Mama stehen, die Hand auf dem Türknauf.

»Haben Sie gehört?« Mamas Stimme hatte jetzt fast etwas Flehentliches. »Heute ist es so weit.«

Tochter ging aus dem Zimmer und zog die Tür fest hinter sich zu.

*

Als Kind hatte Tochter in den Sommerferien manchmal ihren eigenen Namen vor sich hingeflüstert, damit nicht Monate am Stück vergingen, ohne dass sie ihn hörte. Bis auf ihre Lehrer machten es alle Mama nach und riefen sie statt bei ihrem Namen einfach nur »Tochter«, als existierte sie ausschließlich in der Beziehung zur Mutter, zu ihrer Funktion in der Familie. *Tochter. Haushälterin. Köchin. Babysitterin. Pflegerin. Sklavin.* So kam sie sich vor. *Tochter, könntest du dies? Tochter, könntest du jenes?* Was praktisch hieß: *Tu dies. Tu das.* Frag- und klaglos, sonst setzte es was. Ihre Brüder Rico und Bruce indes wurden bei ihren Vornamen genannt und machten nur, wozu sie Lust hatten.

Als sie erwachsen waren, änderte sich nicht viel, außer dass Bruce tot war. Drogen. Rico wohnte mit Frau und Kindern auf der anderen Seite der Stadt. Tochter musste ihm schon ein sehr schlechtes Gewissen machen, damit er zwischendurch mal vorbeikam und sie sich eine Pause gönnen konnte; freiwillig hätte er bestimmt keine Zeit mit Mama verbracht.

»Mann, das ist ja nicht zum Aushalten mit diesem ständigen ›Heute ist es so weit‹«, hatte Rico sich bei Tochter beschwert, als Mama ihm zum ersten Mal von Eddie Levert erzählt hatte. »Wie oft soll ich mir diese verrückte Scheiße denn noch anhören.«

»Ich höre mir das tagein, tagaus an«, sagte Tochter bissig. »Willst du mit mir tauschen?«

»Du könntest jemanden in Vollzeit anstellen …«

»Oder du könntest dich wie ein Sohn benehmen, dem was an seiner Mutter liegt.«

Rico verschränkte die Arme und seufzte. Mit seinen vierzig Jahren hatte er immer noch ein Babyface und schmollte fast permanent.

»Es kann doch nicht sein, dass ich jemanden bezahle, der nach ihr schaut, wenn du hier vor Ort bist«, hatte Tochter gesagt. »Klar war sie keine perfekte Mutter. Aber unsere Mutter bleibt sie trotzdem.«

»Halt mir keine Vorträge«, sagte Rico. Tochter wusste, dass Mama Ricos Frau nicht mochte. Das beruhte auf Gegenseitigkeit, daher hatte sie ihre Enkel nie kennengelernt. Gut, Tochter hatte Rico nie gefragt, wie er sich in den zwei Jahren gefühlt hatte, als sie bereits von daheim ausgezogen und er noch nicht bei der Air Force war. Jeder von ihnen hatte auf seine Art um Bruce getrauert. Aber ganz egal, wie das Leben allein mit Mama für Rico gewesen war, mehr als sie hatte er garantiert nicht aushalten müssen: Weder Rico noch Bruce waren von Mama je geschlagen worden.

»Na gut. Keine Vorträge«, hatte Tochter gesagt. »Aber … wenn Mama über Eddie Levert reden will, dann lass sie. Sie tut doch keinem weh damit, Rico.«

Zumindest nicht so wie früher.

*

In der Bibel steht: »Wie man einen Knaben gewöhnt, so lässt er nicht davon, wenn er alt wird.« Dementsprechend erwähnte Mama im Alter die Bibel auch nie. Stattdessen predigte sie das Evangelium vom Kommen Eddie Leverts, Leadsänger der O'Jays, ihrer Lieblingsband von ganz früher.

Sowohl Eddie als auch Mama, beide aus dem Süden stammend, hatten eins ihrer Kinder begraben müssen, was selbst Tochter, kinderlos, wie sie war, als ein ausgemacht grausames Schicksal erschien. Vielleicht hatte Mama auch aus diesem Grund Eddies Leben und Karriere über die Jahre verfolgt und fühlte sich deshalb so unauflöslich mit ihm verbunden.

In einem Familienalbum im Keller von Tochters Haus befand sich ein Polaroidfoto von Mama mit Eddie, aufgenommen in den Siebzigern, als die O'Jays in der Stadt gastierten. Mama hatte es nach dem Konzert irgendwie in den Backstagebereich geschafft – Einzelheiten hatte Tochter nie erfahren –, und dort hatte jemand das Bild geknipst, das Eddie signiert hatte. Auf dem Foto trug Mama ein tief ausgeschnittenes feuerrotes Kleid, das ihre sämtlichen Kurven umschmeichelte. Ihr Haar war in einem glänzenden Messington gefärbt, mit einem heißen Kamm geglättet und dann zu Farrah-Fawcett-Flips gedreht. Wären ihre breite Nase und vollen Lippen nicht gewesen, sie hätte als Doppelgängerin von Farrah Fawcett durchgehen können, denn sie war kaum dunkler. Eddie dagegen war so dunkel, wie Mama hell war. Er trug einen weißen Anzug mit breitem Revers, das die Brust freiließ. Eddie hatte den Arm fest um Mamas Wespentaille gelegt und lachte strahlend in die Kamera. Mama wiederum strahlte ihn an. Als Kind hatte Tochter das Album manchmal herausgeholt und das Foto betrachtet, zum Beweis, dass auch Mama einmal glücklich gewesen war.

Dass Tochter mit achtzehn auszog, lag zum einen Teil daran, dass sie fürchtete, Mamas anhaltendes Unglücklichsein wäre womöglich ansteckend, zum anderen hatte sie es satt, für alle das Dienstmädchen zu spielen. Alle Brücken brach sie jedoch nicht hinter sich ab. Die Ohrfeigen fielen weg, die verletzenden Worte ebenso, und von außen hätte es fälschlicherweise so aussehen können, als stünden sich Mama und Tochter nahe.

*

An einem Freitagabend saßen Tochter und Mama am Küchentisch und warteten auf Rico. Tochter hatte ihm so lange ins Gewissen geredet, bis er sich bereit erklärt hatte, ein paar Stunden zu opfern, damit sie mit ihrem alten High-School-Freund Tony essen gehen konnte. Tony schaute regelmäßig vorbei, um sich all der Dinge in Tochters Haus anzunehmen, die der Zuwendung bedurften. Einschließlich Tochter. Im Jahr zuvor, nachdem Mama ihren zweiten Schlaganfall gehabt und der Arzt bei ihr vaskuläre Demenz diagnostiziert hatte, war es Tony gewesen und nicht Rico, der Tochter geholfen hatte, Mamas Habseligkeiten zusammenzupacken und sie bei ihr im Haus einzuquartieren.

Als Tony kam, verkündete Mama: »Heute ist es so weit. Eddie kommt.«

Tony lächelte Mama an und sagte: »Okay, junge Dame. Verstehe!«

Mama strahlte und stand auf, um Tony ihr Outfit zu zeigen. »Etwas anderes war in dieser Chiffarobe nicht zu finden.« Sie sah vorwurfsvoll zu Tochter hinüber, die nur den Kopf schüttelte. »Meinen Sie, es gefällt ihm?«

»Auf jeden Fall, Ma'am!«, sagte Tony. »Wenn ich ein paar Jahre jünger wäre, hätte Eddie einen ernsthaften Konkurrenten.«

»Ich bitte Sie!« Mama errötete.

»Ich habe ihn schon ewig nicht mehr gesehen«, sagte sie dann. Mit den gefeilten Nägeln der einen Hand klopfte sie auf die Tischplatte, mit der anderen kratzte sie sich den

Kopf. Tochter sah es voll Schuldbewusstsein; Mamas Haare hätten längst einmal wieder gewaschen gehört. Gleich morgen früh musste sie bei ihrer Freundin Tami im Salon anrufen und fragen, ob sie Mama noch einschieben konnte.

Als Rico schließlich kam, eine Dreiviertelstunde zu spät, klatschte Mama in die Hände: »Da ist ja mein kleiner Junge!«

Rico küsste Mama auf die Wange und verdrehte die Augen, als sie ihm erzählte, Eddie würde kommen. »Warum kratzt sie sich so den Kopf?«, fragte er Tochter mit deutlich zu viel Bass und Vorwurf in der Stimme.

»Nicht«, zischte Tochter ihn an. »Mama, Tony und ich gehen aus. Rico bleibt bei dir. Bis später.«

»Ist gut«, sagte Mama in die Luft. Und zu Tony: »Amüsieren Sie sich gut, junger Mann.«

Kaum saßen sie in Tonys Auto, brach Tochter in Tränen aus. Er rieb ihr den Rücken und ließ sie weinen.

Als sie schließlich nur noch schniefte, sagte sie: »Entschuldige.«

»Was denn?«, fragte Tony.

»Na … das alles. Keine Ahnung, wo das auf einmal herkommt.«

»Vielleicht daher, dass du alles für deine Mama tust und sie nicht mal weiß, wer du bist. Aber dann spaziert Rico rein, der nur dann einen Finger krümmt, wenn du ihn auf Knien darum bittest, und sie kriegt sich gar nicht mehr ein vor Begeisterung. Mich wundert eher, dass du so lange gebraucht hast.«

Tochter schluchzte auf. Tony ließ den Wagen an und fuhr los. »Das Essen kann warten«, sagte er. »Wir können einfach nur ein bisschen herumfahren, wenn du magst.«

Tochter nickte. »Weißt du, selbst nach meinem Auszug war ich ja immer für sie da. Nach Bruces Tod hat sie sich in tausend Aktivitäten gestürzt – Kindergottesdienst, Pfadfinderinnen, Sonntagsschule. Und ich habe sie überall hinchauffiert. Alle zwei Wochen bin ich mit ihr zum Supermarkt gefahren. Nicht ein Weihnachten, Ostern oder Thanksgiving habe ich sie allein verbringen lassen. Ich war das! Nicht Rico. Und jetzt habe ich sie sogar zu mir genommen. Trotz … trotz allem, was in meiner Kindheit passiert ist. Ich habe versucht, die Vergangenheit ruhen zu lassen. Ich war für sie da. Und bin es noch immer. Aber sie hält mich für irgendeine Pflegerin.

Und ich versuche, mich nicht so mies zu benehmen wie Rico, wenn sie wieder von Eddie Levert anfängt, aber dieser Mann ist ihr zigmal wichtiger als ich! Jeden Tag ist es das Gleiche. Manchmal will ich nur brüllen: ›Er kommt nicht! Nie!‹« Tochter atmete aus. »Ist das nicht schrecklich?«

Tony strich sich über den Bart und drehte den Kopf von einer Seite zur anderen, als hätte er einen steifen Hals.

»Was?«, fragte Tochter.

»Ich will mich ja nicht einmischen …«

»Sag es einfach.«

»Zuallererst brauchst du mal eine Pause. Und damit meine ich nicht, dass wir jetzt essen gehen. Du brauchst eine richtige Pause. Urlaub. Aber vor allem …« Tony seufzte. »Hör mal, ich weiß nicht, was da in deiner Kindheit alles schiefgelaufen ist. Aber du musst deinen Frieden damit machen. So was ist leichter gesagt als getan, ich weiß schon. Aber du musst einen Weg finden.«

Was habe ich denn mein Leben lang anderes gemacht?, dachte Tochter, sagte es aber nicht. Immerzu hatte sie einen Weg finden müssen. Einen Weg, damit Mama sich nicht aufregte, einen Weg, ihr Rico vom Leib zu halten, einen Weg, von Mama wegzukommen, einen Weg, sich ohne Mamas Hilfe über Wasser zu halten. Ein schlecht bezahlter Job war bei ihr auf den anderen gefolgt, bis sie schließlich Immobilienmaklerin wurde und feststellte, dass sie ein Talent dafür besaß, Häuser zu kaufen und renoviert wieder weiterzuverkaufen. Dazu kam jetzt dieser zweite Job: sich um Mama kümmern. Tochter fluchte unterdrückt.

»Wie gesagt, ich weiß nicht, was da alles schiefgelaufen ist …«, sagte Tony.

»Ich erzähl's dir«, sagte Tochter. »Aber lass uns jetzt was essen. Ich bin am Verhungern.«

*

Die Leute im Viertel hatten immer gesagt, Mama hätte so lange Babys produziert, bis die Farbe stimmte. Tochter, ihr mittleres Kind, war dunkler als Bruce, der älteste, dabei war ihr Vater heller gewesen als der von Bruce. Mamas drittes und letztes Kind Ricardo, genannt Rico, Sohn eines durchreisenden Musikers aus Puerto Rico, war ein buttergelbes Baby mit grünen Augen und rotblonden Haaren. Seine krausen Locken, dicken Lippen und die breite Nase bedeuteten, dass er niemals als Weißer durchgehen würde. Aber das war auch gar nicht der Punkt. Nach allem, was Tochter sich aus ihren eigenen Beobachtungen und aus Mamas Äußerungen ihren Freundinnen gegenüber zusammenreimte, war der Punkt, dass Rico dieselbe Hautfarbe hatte wie Mama. Ausnahmsweise einmal war der genetische Würfel zugunsten des fast-weißen Mädchens gefallen, das beim Sex auf dunkle Nigga schwor. Letztlich spielte sie jedes Mal, wenn sie einen mit in ihr Bett nahm, eine Art DNA-Roulette.

Und dann wurde Mama errettet. Es geschah an einem Ostersonntag – zur Kirche gegangen wurde bei ihnen nur am Muttertag, am Heiligen Abend und an Ostern. Am Muttertag steckte sich Mama eine weiße Blume ans Kleid – ihre Tote-Mama-Blume, sagte Bruce dazu – und sperrte sich vor und nach der Kirche in ihrem Zimmer ein, wo sie schluchzte und ihre verstorbene Mutter vermisste.

Tochter, Bruce und Rico erinnerten sich nur unklar an ihre Großmutter, eine gut gekleidete, weiß wirkende Schwarze, die ihre Tochter verstoßen hatte, weil sie ohne Ehemann Kinder bekommen hatte. Aber als sie größer wurden, kam sie gelegentlich vorbei, immer mit einem Haufen Spielsachen, einem knisternden Zwanzigdollarschein für jedes Kind und vernichtenden Worten an die Adresse von Mama, weil sie nicht nach dem Willen des Herrn lebte. Schon als Kind verstand Tochter, warum ihre Mutter am Muttertag weinte. Sie wusste, dass man im Herzen mit seiner Mama verbunden blieb, selbst wenn sie einem manchmal wehtat.

Zunächst freuten sich Tochter und ihre Brüder, dass Mama errettet worden war, auch wenn ihnen der Grund dafür schleierhaft blieb. Sie waren zwölf, zehn und acht Jahre alt und konnten nur annehmen, dass die Kirchendamen, die ihre Mutter umringten, während der Pastor betete, irgendein Wunder gewirkt haben mussten. Mama war während des Altarrufs weinend nach vorne gegangen, hatte den Gottesdienst aber lächelnd verlassen und ihre Kinder auf dem Heimweg umarmt und fest an sich gedrückt. Mamas Mutter war im Jahr zuvor plötzlich gestorben – Tochter hatte Mama von einem *Aneurysma* sprechen hören, aber nicht gewusst, was das Wort bedeutete. Sie hatte auch gehört, wie Mama ihrer Freundin Miss Lajene erzählte, sie wünschte, sie wäre mit Gott ins Reine gekommen, bevor ihre Mama starb.

Leider wirkt der Eifer der Neubekehrten auf die Kinder der Neubekehrten oft befremdlich. Eben noch hatten sie sich samstagabends sämtliche Decken im Haus über den Kopf ziehen müssen, um nicht zu hören, wie das Kopfbrett von Mamas Bett gegen die Zimmerwand schlug, während sie den Namen des Mannes ihrer bald ehemaligen besten Freundin rief. Und am Samstag darauf riss sie ihnen die schon weich gespielten Spielkarten aus den Händen, denn Glücksspiele seien »des Teufels!«.

Mit der Logik einer Zehnjährigen konnte Tochter nachvollziehen, dass Gin Rommée des Teufels sein musste, weil es ja *Gin* im Namen hatte. Aber was war so schlimm an »Knobeln« oder »Kloppe«, den anderen Lieblingsspielen von ihr und ihren Brüdern?

Ein paar Dinge änderten sich an Mama n. Chr. (wie Tochter es bei sich nannte). Zum Beispiel verbannte sie Karten und Männer aus dem Haus. Manches andere blieb wie zuvor. Sie befahl Bruce und Rico immer noch, sie sollten den Mund halten – bei Tochter war es ihr *schwarzer* Mund –, wenn sie zu laut waren, während ihre Serien liefen.

Und mit Eddie Levert konnte es die Kirche sowieso nicht aufnehmen. Die O'Jays waren und blieben Mamas Lieblingsband, mit Eddie Levert als ihrem besonderen Liebling. Mama v. Chr. verkündete ihren Freundinnen Miss Nancy und Miss Lajene: »Eddie Levert kann mich *jederzeit,* an *jedem* Ort und in *jeder* Stellung haben, Schätzchen. Klar?« Dann lachten sie sich krumm.

Bei Mama v. Chr. wurden freitags nach dem Essen die O'Jays-Platten aufgelegt, wenn sie kein Date hatte oder zum Kartenspielen verabredet war. Dann schloss sie die Augen, schwang die Hüften und sang zur Musik. Ihre Tanzpartner: eine Kool-Zigarette und ein Glas Whisky on the rocks. Johnny Walker Red war das Getränk ihrer Wahl.

An diesen Freitagabenden spielte Rico den DJ und wechselte die Platten für Mama, während Tochter den Barkeeper spielte und bei Bedarf Eis und Whisky reichte, noch bevor Mama darum bitten konnte. Es war wie ein Ein-Personen-Nachtclub, in dem Mama sich in Liebesliedern verlor und zum Schluss weinte. Bruce war irgendwo unterwegs und blieb lange genug weg, um sich hereinzuschleichen, wenn Mama schon weggetreten auf dem Sofa lag, aber noch bevor sie mitten in der Nacht aufwachte, um nach ihnen allen zu sehen und sich ins Bett zu schleppen.

Bruce war es auch, der als Teenager kiffte, klaute und sich beim Würfelspielen prügelte. Doch Tochter war diejenige, die von Mama bei den seltenen Gelegenheiten, wenn sie abends ausging, gewarnt wurde: »So schwarz, wie du bist, würde ich mich da draußen nicht sehen lassen!«

Mama n. Chr. verbrachte ihre Freitagabende weiterhin mit Eddie Levert, und Tochter musste da sein, um sich um Rico zu kümmern. Ohne die Zigarette und das Glas Whisky konnte Mama beim Singen die Arme in der Luft schwenken, fast so wie in der Kirche. An beiden Orten, in Mamas Ein-Personen-Nachtclub und in der Kirche, wurde sie vom Geist dazu bewegt, sich zu wiegen, und am Ende weinte sie.

Aber mit der Zeit entdeckte Tochter immer weniger Freude in diesen Tränen. Mamas Freundinnen Miss Nancy und Miss Lajene blieben »in der Welt«, wie Mama sagte. Also zog sich Mama zurück und verlor bald den Kontakt zu ihnen. Und die Kirchendamen, die sich an jenem Ostersonntag am Altar um Mama geschart hatten, kamen nicht mehr vorbei, nachdem Mama die Einführung für neue Mitglieder absolviert hatte. Ihre Arbeit war getan. Sie hatten die arme, unverheiratete dreifache Mutter zum Lebendigen Wasser geführt, wie Jesus bei den Kirchenleuten hieß. Aber Mama war nicht wie sie.

Noch Jahre später wollte Tochter nichts mit der Kirche oder dem braunen Schnaps zu tun haben, denn beides hatte ihre Mama zum Weinen gebracht.

*

Als Tochter und Tony vom *Red Lobster* zurückkehrten, blieb Tochter kurz an Mamas Zimmertür stehen und bedeutete Tony, gleich weiter in ihr Schlafzimmer zu gehen. Sie öffnete die Tür einen Spaltbreit, gerade genug, um zu sehen, dass Mama zusammengerollt unter ihrer dünnen Decke lag. Sie schnarchte leise. Tochter schloss die Tür und wusch sich im Bad für alle Fälle noch einmal die Hände, um den Krebsgeruch wegzuspülen.

Tony lag bereits unter der Bettdecke. Sie zog sich aus und schlüpfte zu ihm ins Bett. Sie hatten einen ungezwungenen Rhythmus miteinander gefunden, seit Tony vor zehn Jahren angefangen hatte, vorbeizukommen. Damals war er zweiunddreißig, zweimal geschieden und einsam. Für Tochter hingegen hatten Ehe oder Kinder nie zur Debatte gestanden, sie war immer unabhängig gewesen und lieber mit sich allein. Trotzdem hatte sie Bedürfnisse. Tony brachte sie zum Lachen und auch zum Nachdenken. Er war ein großzügiger Liebhaber und dazu praktisch. Für Tochter war das genug.

Tochter versuchte, im Augenblick zu bleiben, es auszukosten, wie lebendig sich ihr Körper neben dem von Tony anfühlte. Aber ihre Gedanken wanderten zu Mama. Immer Mama. Tony packte sie fester und streichelte sie schneller, als spürte er, dass sie ihm abhandenkam. Das Kopfbrett schlug gegen die Wand, und Tochter musste daran denken, wie egal es Mama v. Chr. immer gewesen war, ob ihre Kinder mitbekamen, dass sie Sex hatte. Aber nachdem sie zu Jesus gefunden hatte, war es still geworden in ihrem Zimmer.

Es gibt einen alten Spruch: Ihre Töchter ziehen Mütter groß, ihre Söhne lieben sie. Aber wer hatte Mama jemals geliebt, abgesehen von ihren Kindern? Trotz ihrer Hingabe an Kirche und Keuschheit hatte Mama niemals jenen Frieden erfahren, der höher ist als alle Vernunft und all denen zuteil werden soll, die Jesus in ihr Herz einladen. Und sie lernte auch nicht die Freude kennen, diese unaussprechliche Freude, die die Bibel verheißt. Mama hatte nichts als die Liebe Jesu – dessen Berührung, so stellte es sich Tochter vor, zu flüchtig war, um irgendetwas zu stillen. Er war ein ruhigerer, passiverer Liebhaber als die Männer, die sie mit in ihr Bett nahm, und dennoch forderte er alles.

*

Am nächsten Morgen bat Tochter Tony nach dem Frühstück, sich kurz zu Mama zu setzen. Statt im Friseursalon anzurufen, lief sie zu Target und kaufte Babyshampoo, Conditioner und was sie sonst noch brauchen würde, um Mama selbst die Haare zu machen.

Nachdem Tony gegangen war, erklärte Tochter Mama, sie würde ihr jetzt die Haare waschen. Mama konnte noch selbstständig duschen und sich anziehen, daher schlug Tochter, die ihre Privatsphäre respektieren wollte, ihr vor, sich über die Spüle in der Küche zu beugen.

»Hm … ich weiß nicht so recht.« Mama fasste sich an die Haare. Sie waren jetzt so gut wie weiß, zu dünn für den Farrah-Fawcett-Flip, reichten ihr aber noch bis an die Schultern. »Meinen Sie, das würde Eddie gefallen? Er kommt nämlich heute.«

»Ja, Mama. Ich weiß.« Tochter schluckte den Kloß in ihrem Hals herunter. »Und ich glaube, Eddie würde wollen, dass ich dir die Haare über der Spüle waschen darf.«

»Na gut.«

Es brauchte ein paar Versuche, bis die Wassertemperatur stimmte. Tochter hatte eine Menge Handtücher bereitgelegt, damit Mama jederzeit eine Pause einlegen und sich das Gesicht abwischen konnte.

Als sie mit Waschen und Pflegen fertig waren, führte sie Mama in ihr Zimmer und gab ihr ein trockenes Hemd. Dann setzte sie sie vor ihren Toilettentisch und stellte sich hinter sie, um ihr die Haare zu föhnen. Mama lächelte in den Spiegel.

Während Tochter Mamas Haare in mehrere Abschnitte teilte und sich die Zeit nahm, jeden Abschnitt einzuölen und die Kopfhaut zu massieren, seufzte Mama und lehnte den Kopf an Tochters Bauch.

»Du, Mama«, begann Tochter. »Eddie hat angerufen und gesagt, dass er sich verspätet.«

»O nein!«, rief Mama.

»Aber du sollst dir keine Gedanken machen. Du sollst wissen, dass du bei mir in guten Händen bist. Er hat gesagt: ›Kümmere dich gut um sie, bis ich da bin, Tochter.‹«

»Tochter?«

»Ja, Mama. Ich bin es. Tochter.«

»Und was hat Eddie noch gesagt?«

»Er hat gesagt … ›Sag ihr, dass ich komme, und kümmere dich gut um sie.‹ Und ich habe gesagt: ›Ja, Sir, das mache ich.‹«

»Du warst immer so ein höfliches Mädchen«, sagte Mama, langte nach oben und tätschelte Tochter die Hand.

»Erinnerst du dich an mich, Mama?«

»Aber natürlich!«

Tochter stiegen die Tränen in die Augen, aber gleichzeitig musste sie lächeln. Sie wusste nicht, ob sich Mama wirklich an sie erinnerte. Aber es genügte zu wissen, dass Mama ihr das Gefühl geben wollte, sie täte es.

Sie massierte Mama weiter die Kopfhaut. »Tut das gut?«

»Mmm-hmmm«, machte Mama immer wieder, bis es zu einem Summen wurde, zu irgendeiner Melodie, die Tochter nicht erkannte.

Tochter betrachtete sie beide im Spiegel. Hell und dunkel, aber ansonsten blickten ihr die gleichen runden Gesichter und großen braunen Augen entgegen. Mamas Kopfhaut war immer noch bleich, aber der Rest ihrer Haut war mit der Zeit dunkler geworden. Trotzdem hätte sie sich nach wie vor damit brüsten können, sie sei heller als Packpapier, wenn sie sich geistig noch mit solchen Dingen abgegeben hätte.

»Mama, vor langer Zeit, da bist du sehr hart mit mir umgegangen. Sehr hart. Und ich weiß nicht, ob du dich an irgendetwas davon erinnerst. Einerseits hoffe ich das, weil ich es nicht vergessen kann. Aber falls du dich erinnerst, würde ich mir wünschen, dass du dich entschuldigst oder wenigstens zugibst …«

Mama summte weiter. Dann sagte sie: »Als Eddie davon sang, dass er viele Geliebte hätte, da war ich eine davon.« Mama klopfte sich auf die Brust. »Ich. Der kleine Niemand.« Mama lachte in sich hinein. »Eddie hat mich einmal geliebt. In dieser einen Nacht.«

»Du bist kein Niemand, Mama.«

»Ach ja? Wer bin ich denn dann?« Mama klang so klar, dass Tochter verblüfft war. Als wäre jemand anderer zu ihnen ins Zimmer getreten.

»Du bist … jemand, der mir nicht geben kann, was ich brauche. Aber du bist nicht Niemand.«

»Nicht?«

»Nein.«

Tochter drehte Mamas Haare zu einem einzelnen Zopf.

Dann legte sie ihr ein neues türkisfarbenes Sommerkleid auf dem Bett bereit.

»Ich geh mal raus, damit du dich anziehen kannst. Und wenn ich wiederkomme, bringe ich dir dein Mittagessen.«

»Das wäre nett«, sagte Mama. »Ich möchte gerne bereit sein, wenn Eddie kommt. Heute ist es so weit.«

Als Tochter mit Mamas Essenstablett kam, saß Mama in ihrem Lehnsessel, strich sich das Sommerkleid glatt und lächelte. »Ich sehe schön aus«, sagte sie.

»O ja«, sagte Tochter. Sie stellte Mama das Tablett auf den Schoß.

Mama griff nach dem Polaroid neben dem Teller mit ihrem Sandwich. Sie starrte es einen Augenblick an, dann legte sie es weg und nahm das Sandwich.

Tochter seufzte und spielte den Song ab, den sie auf ihrem Handy aufgerufen hatte. Als die ersten Takte von *Forever Mine* von den O'Jays durchs Zimmer klangen, wartete sie auf ein Zeichen des Wiedererkennens von Mama, auf ein Lächeln, irgendetwas. Aber nichts geschah. Selbst als in der dritten Strophe Eddies Einsatz kam, schien es nicht zu ihr durchzudringen, dass dies das Lied war, das sie zuvor zitiert hatte. Der Song lief weiter. Tochter war sich nicht sicher, ob Mama überhaupt zuhörte. Sie aß ihr Sandwich und den Obstsalat, das Polaroid schien vergessen.

Doch dann, als Eddie seine Geliebte beschwor, bei ihm zu bleiben, nahm Mama das Foto auf und fiel mit kräftiger, sicherer Stimme ein.

DANK

Dieser Erzählband nahm über viele Jahre hinweg und mit Umwegen aller Art Gestalt an, und ich bin allen dankbar, die mich dabei begleitet haben. Für ihre Liebe, Freundschaft, Unterstützung, aufmunternden Worte, Ratschläge, Mahlzeiten, technische Hilfe, das Lachen bis in die Nachtstunden, Feedback, Tanzpausen sowie den unbeirrten Glauben an mich und meine Geschichten danke ich: Chris Ivey, Tyrese Coleman, Fran und Alan Edmunds, Renee Simms, Bassey Ikpi, Faith Adiele, Lonnae O'Neal, Stanley Love Tate, James Bernard Short, Diana Veiga, Khaliah Williams, Danielle Evans, David Haynes und der gesamten Family des Kimbilio Center for African American Fiction, Teresa Foley, Aaliyah Thomas, Melanie Dione, Adam Smyer, Dr. DeMarquis Clarke, Damon Young, Chanie Infante Louisma, Doug Anthony, Tony Burroughs, Wade Carver, Quake Pletcher, Eyan Spaulding, Harry Weaver III, Daniel Henry, Alison Kinney, Mark Sequeira, Rev. Maxwell Grant, Bomani Jones, Mat Johnson, Amber Edmunds, Renelle Carrington, Toya Smith, Celeste C. Smith, Bernadette Adams Davis, Swati Khurana, Meredith Driscoll, Carolyn Edgar, Lawrence Wagner und Sekou Campbell.

Großer Dank auch an Derek Krissoff, Sara Georgi, Jeremy Wang-Iverson, Sarah Munroe, Charlotte Vester und das ganze Team von der West Virgina University Press für die begeisterte Unterstützung und die Sorgfalt, die sie dem Buch haben zukommen lassen.

Ich danke all denen, die von Anfang an dabei waren: Tamara Winfrey Harris, Yona Harvey, Taneshia Nash Laird, Rebecca Lusolo, Genie Maples und Issa Mas (meiner Celie!). Mit eurer Hilfe bin ich so weit gekommen. Danke – ich liebe euch!

Ein spezieller Dank und Grüße gehen an meine gründlichen Vorableserinnen und -leser, Cheerleader erster Güte und liebe Freunde: Brian Broome, Asha Rajan, Abeer Hoque, Mimi Watkins, George Kevin Jordan, Samantha Irby und Kiese Laymon.

Dennis Norris II, dir danke ich für den vielen Tee und die dicke Freundschaft und dafür, dass du meine erste Geschichte *(Eula)*, die nun den Auftakt zu diesem Band bildet, gut fandest und veröffentlicht hast.

Mein Dank gilt auch den Herausgebern der *Cheat River Review*, der *Baltimore Review* und des *Barrelhouse Magazine* für den Abdruck vorheriger Versionen einiger dieser Geschichten.

Ich danke an Ansel Elkins für die *Autobiography of Eve*. Dieses Gedicht ist ein Kleinod.

Vanessa German gebühren meine Liebe und mein Dank für zahllose Geschenke, Freundlichkeiten und Ermutigungen. Durch dich wird die Welt besser.

Danke für eure Liebe und die vielen lustigen Stunden: Dr. Tyffani Dent, DeShong Perry, Dr. Carolyn Strong und Dr. LaTasha Sturdivant.

Einen besonderen Dank an Danielle Chiotti, meine Agentin der Extraklasse, die mich auf die Idee zu diesem Band gebracht und mir bei jedem Schritt auf dem Weg zur Ziellinie zur Seite gestanden hat.

Danke, Laura Szabo-Cohen und Tony Norman, ihr wart großartige Mentoren und Freunde. Mehr als zwanzig Jahre, das ist eine lange Zeit …

Ich danke auch meinen Schwestern Donnette, Shalawn, Tiffany und Felicia – unsere Geschichte fängt gerade erst an.

Taylor und Peyton, danke für eure Geduld und dass ihr stolz auf mich wart. Ich hab euch lieb!

Und schließlich will ich noch meiner Mama und Nay-Nay danken, weil ihr mich die ganzen Jahre über in die Kirche und die Sonntagsschule geschickt habt. Ihr fehlt mir jeden Tag.

ars vivendi